Les Merveilles de France racontées aux enfants

À mes filles,
Estelle, Daphné et Célia,
mes muses chéries.
E. D. L. C.

Mise en page : Lucile Jouret

Retrouvez toutes nos parutions sur :
www.lamartinierejeunesse.fr
www.lamartinieregroupe.com

Conforme à la loi n°49-956 du 16 juillet 1949 sur les publications destinées à la jeunesse

Achevé d'imprimer en août 2007
Imprimé en Espagne par GRAFICAS ESTELLA
Dépôt légal : août 2007
ISBN : 978-2-7324-3603-6

Les Merveilles de France racontées aux enfants

Textes de :
Élisabeth Dumont-Le Cornec

Dessins de :
Lolo

De La Martinière
Jeunesse

Sommaire

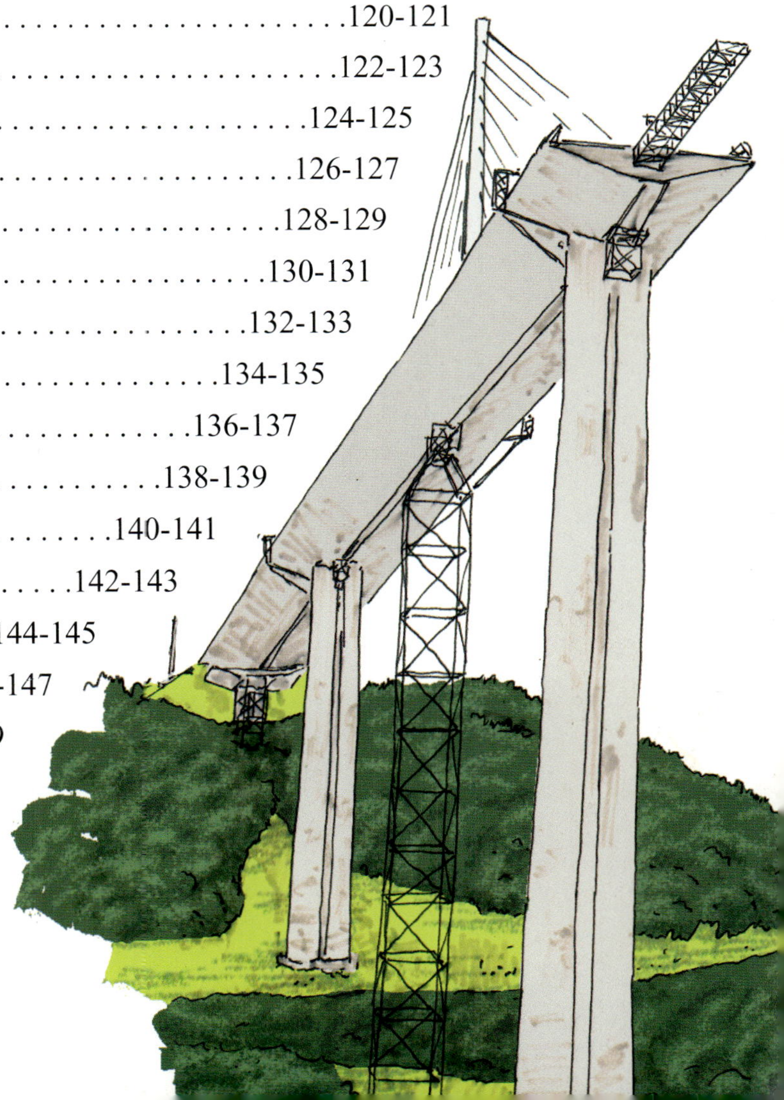

Introduction

Mon premier souvenir de voyage en France me renvoie curieusement à un puzzle étalé par terre, sur la moquette de ma chambre. Il s'agissait d'emboîter correctement une centaine de morceaux figurant les trésors de notre patrimoine afin de reconstituer au final les 22 régions françaises. Pour moi, c'était un vrai défi, mais aussi une belle leçon de géographie en images !

Quel bonheur quand je découvrais enfin la tête de la cigogne qui, une fois encastrée dans son nid perché sur la cheminée d'une maison à colombages, symbolisait l'Alsace... Ou quand je mettais la main, après de longues minutes de recherche, sur le flamant rose, emblème de la Camargue, puis sur le joueur de pelote vêtu en rouge et blanc, symbole du Pays basque.

Pour la petite fille que j'étais, la France, c'était tout cela à la fois, les animaux, la nature, la gastronomie, les monuments, et d'attachantes traditions régionales. Autant de dessins qui marquèrent mon imagination bien mieux que n'importe quel voyage ! Pendant longtemps, ces détails alimentèrent mes rêveries, me donnant envie de visiter tel ou tel coin de France, de découvrir par exemple les marais salants et le Mont-Blanc, ou d'admirer les chevaux sauvages de Camargue.

Plus grande, j'ai parcouru les routes de France pour rendre enfin vivant mon puzzle d'enfant, je ne fus pas déçue... Ma première expédition me mena en Normandie sur les traces de Guillaume le Conquérant, trônant sur la tapisserie

de Bayeux, sur celles d'Arsène Lupin en haut des falaises blanches d'Étretat, dans l'immense baie du Mont-Saint-Michel. Les étalons du Haras du Pin avaient bien les magnifiques robes luisantes et les crinières tressées de mon puzzle, le jardin du peintre Monet, à Giverny, avait conservé sa splendeur d'antan. Plus tard, je découvris avec surprise les toits colorés des Hospices de Beaune, l'étrange labyrinthe du pavement de la cathédrale d'Amiens. J'eus la confirmation que les arches romaines du pont du Gard enjambaient fièrement le Gardon, que les menhirs de Carnac se dressaient en alignements réguliers... À chaque visite, les images de mon puzzle d'enfant surgissaient de mon passé pour me revenir en mémoire. J'en ai conservé un goût bien plus prononcé pour les images et les voyages que pour les puzzles ! Chacun de ces dessins était comme une fenêtre ouverte sur une page d'histoire, celle d'un personnage célèbre, d'un lieu, d'un monument, d'un plat culinaire. Aujourd'hui, notre patrimoine est de mieux en mieux protégé et mis en valeur. Ainsi, les cathédrales noircies par la pollution ont été restaurées, la chasse à l'ours, interdite. Et les visites guidées sont devenues de vrais moments de plaisir, car toutes sortes d'anecdotes, de légendes ancestrales et de traditions locales y sont désormais évoquées.

Alors, suivez le guide !

La cathédrale de Strasbourg

Au même titre que la cathédrale de Strasbourg, les maisons à colombages font partie du patrimoine de l'Alsace. Le procédé consiste à disposer entre les poutres, des pierres, des briques ou du torchis fait de terre, de chaux et de paille mélangées.

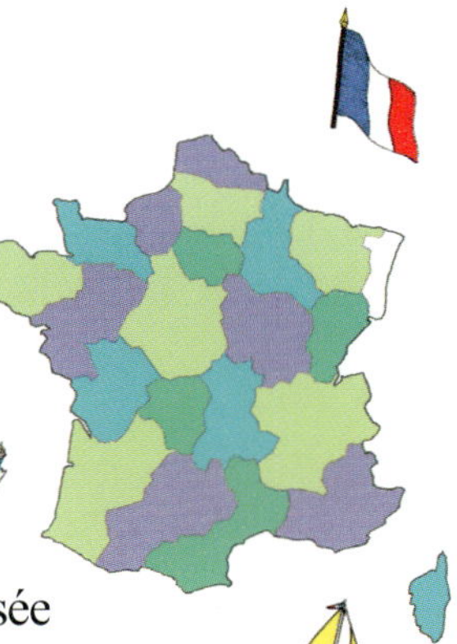

En 1439, à Strasbourg, est enfin posée la dernière pierre de la nouvelle cathédrale. Avec sa tour haute de 141 mètres, elle devient alors la plus haute cathédrale du monde, et le restera pendant plus de 400 ans !

D'ailleurs, sa flèche, cône effilé et sculpté qui couronne le clocher, est aussitôt considérée comme la huitième merveille du monde. Son architecte, Ulrich Ensiger, obtient le titre honorifique de « grand maître et juge suprême » des ateliers du Saint Empire romain germanique, car Strasbourg fait partie à l'époque de cet État. La cathédrale n'est néanmoins pas vraiment représentative du style architectural de ce pays, mais affiche des styles très mélangés. En effet, elle est l'œuvre de plusieurs architectes et fut construite sur des dizaines d'années. Sur certains vitraux, par exemple, dominent les couleurs bleu et rouge, typiques de l'art français, mêlées à un vert d'origine germanique.

L'édification de cet imposant bâtiment paraît incroyable car il repose sur un lac souterrain, ce qui rend le sol terriblement instable. La cathédrale est donc soutenue par des pilotis, d'énormes poutres en bois plantées dans le sol, spécialement apportées des Pyrénées, qui lui ont permis de rester debout depuis près de 600 ans !

Ce fait est d'autant plus remarquable que les autres cathédrales, construites jusqu'au XIXe siècle, qui ont égalé en hauteur celle de Strasbourg, ont fini par s'écrouler sous leur propre poids ou ont été détruites par la foudre.

Cela ferait presque oublier que cette cathédrale est pourtant inachevée. En effet, toutes les tentatives pour construire la seconde tour se sont révélées vaines, c'est pourquoi la cathédrale de Strasbourg a cet aspect dissymétrique, qui l'a rendue pratiquement légendaire…

Les cigognes sont des porte-bonheur en Alsace.

La ville fortifiée de Neuf-Brisach

Cette étrange ville fortifiée en forme d'étoile est une invention de Sébastien Le Prestre de Vauban, passé maître dans l'art des fortifications. Au cours des 53 années durant lesquelles il a servi Louis XIV, Vauban a construit 130 places fortes aux quatre coins du royaume.

En 1697, la France perd la ville de Vieux-Brisach, sur le Rhin, qui passe alors sous la domination du Saint-Empire romain germanique. Louis XIV décide aussitôt de bâtir une nouvelle ville fortifiée en Alsace, sur la rive française du Rhin. Il lui donne le nom de Neuf-Brisach.

Le roi fait appel à Vauban, ingénieur militaire et grand responsable des fortifications du royaume, pour dessiner les plans de la ville. Depuis quelques années, celui-ci passe son temps à parcourir la France pour renforcer la défense du territoire. Esprit pratique, il pense que l'art de fortifier est d'abord le fruit du bon sens et de l'expérience, avant de répondre à des règles préétablies, et chacune de ses créations est unique.

Neuf-Brisach en est un parfait exemple : le plan octogonal (à huit côtés) en forme d'étoile a été spécialement conçu pour gêner au maximum un ennemi potentiel, en l'obligeant à se disperser autour des pointes des murailles et empêchant, ainsi, les assaillants de communiquer entre eux.

Vauban sait bien qu'aucune ville n'est imprenable, mais il espère retarder toute tentative d'approche en édifiant également plusieurs murailles successives. À l'intérieur, au contraire, la ville est ordonnée selon un plan simple et rectiligne, qui permet les déplacements rapides en cas d'attaque. Au cœur de la cité se dressent 48 pâtés de maisons autour de la place centrale. Ces logements sont entourés des casernes des soldats chargés de la défense de la ville.

Vauban a parcouru 108 000 kilomètres à cheval ou en carrosse pour fortifier le royaume de France !

La grotte de Lascaux

La grotte de Lascaux a été surnommée la « chapelle Sixtine de la Préhistoire », en raison de ses peintures, vieilles de 17 000 ans ! Pour les préserver, les autorités ont décidé de fermer cette grotte au public, et d'en réaliser une copie, à l'aide de moulages de plâtre sur lesquels sont placées des reproductions photographiques.

Nous sommes le 12 septembre 1940, dans le bois du manoir de Lascaux, qui domine le village de Montignac, sur la rive gauche de la Vézère, dans le Périgord. Quelques jours plus tôt, un grand pin s'est effondré, et sa chute a révélé un trou béant dans le sol. Un lieu rêvé pour quatre adolescents avides de sensations fortes !

Ce jour-là, lampe de poche en main, Marcel, Jacques, Georges et Simon se glissent l'un après l'autre dans le trou qu'ils ont réussi à élargir. Arrivés en bas, quelle surprise ! Un spectacle incomparable s'offre à leurs yeux... Tout autour d'eux, des animaux peints dansent sous le faisceau de leur lampe : des chevaux jaunes au ventre alourdi, des cerfs noirs aux bois effilés, des aurochs et des vaches rouges aux cornes acérées, et même un ours !

Ils ne le savent pas encore, mais ils viennent de faire l'une des plus grandes découvertes archéologiques du XXe siècle... Ici, il y a 17 000 ans, les hommes de l'âge de Pierre (Paléolithique) ont dessiné au fond des grottes certains animaux, qui revêtaient, sans doute, dans leurs croyances, des pouvoirs magiques. Jouant avec les reliefs, ils se sont servis des parois pour dessiner la tête d'un cerf ou la croupe d'un cheval. Dans l'une des salles, on compte plus de 600 figures, gravées ou peintes à l'ocre jaune et rouge sur les murs et le plafond.

Pourquoi autant de peintures ? Probablement pour s'emparer de la force de ces animaux. Ainsi, les premiers hommes espéraient que leur chasse serait bonne et qu'ils ne croiseraient pas de fauves ! C'est pourquoi on peut admirer, à côté des vaches, des chevaux, des bouquetins et des cerfs qu'ils chassaient pour se nourrir et se vêtir, les dangereux félins, ours et mammouths qu'ils craignaient tant !

La chasse était vitale pour les hommes préhistoriques.

Le Pays basque

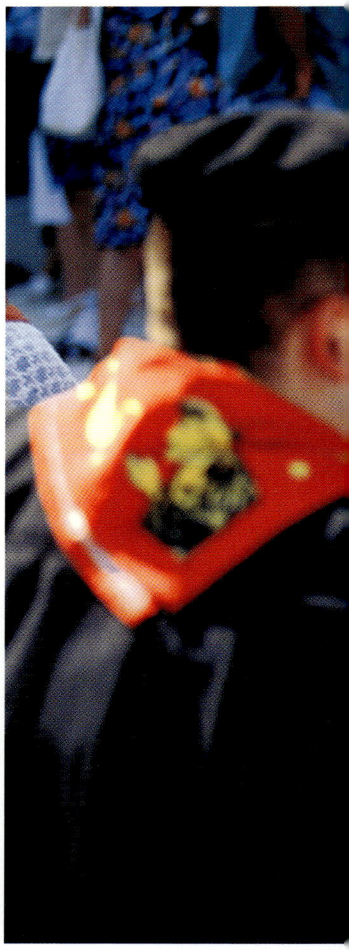

Partagé entre la mer et la montagne, le Pays basque réserve bien des surprises. On vient de loin pour se promener dans les Pyrénées, suivre le chemin de Compostelle, mais aussi pour faire du surf sur les vagues impressionnantes de Biarritz ou pour jouer à la belote avec les habitants.

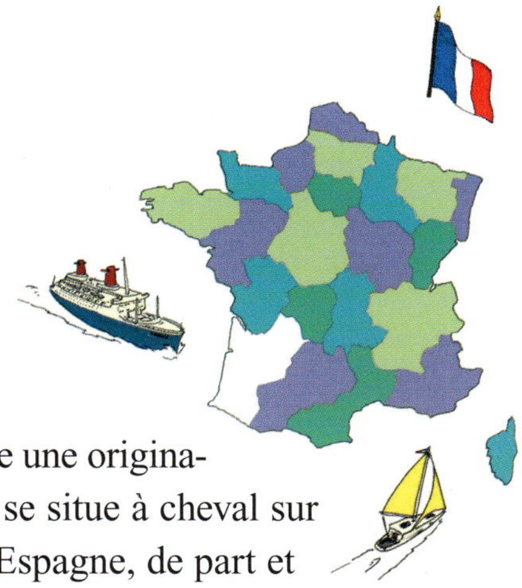

Le Pays basque présente une originalité géographique : il se situe à cheval sur deux pays, la France et l'Espagne, de part et d'autre des Pyrénées, le long de l'océan Atlantique. C'est pour cela que les Basques français et espagnols entretiennent une forte identité régionale : ils continuent d'enseigner la langue basque dans certaines écoles, pratiquent les mêmes sports (la pelote et le surf), construisent leurs maisons selon la même architecture, mangent les mêmes plats. Toutes ces traditions sont un bon moyen de conserver un lien entre les habitants basques des deux pays.

Parmi les traditions bien ancrées dans le quotidien basque, le jeu de la pelote est devenu un symbole régional fort. Pas un village français ou espagnol qui ne possède son fronton de jeu.

La pelote basque est une évolution du jeu de paume. Elle se pratique sur une surface marquée au sol par des lignes blanches, face à un mur appelé le « fronton », large de 10,50 mètres et haut de 9,50 mètres environ. Les joueurs attrapent la pelote (balle) et la renvoient pour qu'elle rebondisse sur le fronton. Si, avant d'être frappée, la balle rebondit plus d'une fois sur le sol ou si elle sort des marques, le point est perdu pour le joueur et gagné par l'équipe adverse.

Il existe en réalité beaucoup de règles du jeu différentes, selon que l'on joue en intérieur ou en extérieur, avec ou sans raquette. Avec beaucoup d'entraînement, on peut jouer à main nue en se protégeant les paumes avec des pansements, mais les joueurs ont le plus souvent une *chistera*, sorte de longue raquette recourbée faite d'un gant et d'une armature en châtaignier qui permet de frapper la balle pour la renvoyer. Il faut en tout cas pas mal de force et une grande habileté pour gagner !

La dune du Pyla

Son nom vient de « pile », qui veut dire « tas de sable » , car la dune du Pyla n'était à l'origine qu'un tout petit tas de sable. Mais le vent travaille depuis longtemps à en faire une dune géante, en apportant peu à peu du sable, en particulier celui des bancs de sable qui existent à l'entrée du bassin d'Arcachon.

Au sommet de la dune du Pyla, le panorama est impressionnant : côté terre, la forêt des Landes s'étend sur des kilomètres à l'horizon ; côté mer, l'ouverture sur l'océan Atlantique est en partie barrée par les bancs de sable qui délimitent le bassin d'Arcachon.

Il y a 200 ans, la dune du Pyla n'était encore qu'un simple tas de sable. Elle atteignait déjà 35 mètres de haut en 1855, mais dépassait les 105 mètres en 1980. À l'heure actuelle, elle mesure 115 mètres de haut : c'est la plus grande dune d'Europe !

Cette dune géante est une preuve étonnante de l'évolution permanente du paysage au fil du temps. Pendant 200 ans, le vent a transporté jusqu'à la dune les grains de sable d'un banc situé au large des côtes. Après avoir largement contribué à façonner la dune du Pyla, ce banc de sable a aujourd'hui disparu. Mais, à l'entrée du bassin d'Arcachon, les marées et les courants en ont formé un autre, surnommé « banc d'Arguin », dont le sable est aujourd'hui porté par le vent jusqu'à la côte, continuant ainsi à augmenter la taille de la dune, en hauteur, en longueur et en largeur.

Aujourd'hui, la dune s'étend sur 2 700 mètres de long et 500 mètres de large, face à la pointe de Cap-Ferret. Elle n'est toujours pas stabilisée et poursuit sa croissance. Certes, elle est attaquée d'un côté par les vagues de l'océan, mais elle progresse, en même temps, du côté opposé, empiétant sur la forêt d'environ 4 mètres par an et ensablant peu à peu les pins des Landes.

Chaque année, de nouveaux pins sont pris au piège et ensablés.

Les oies du Périgord

Dans le Périgord noir, la Dordogne a creusé une vallée fertile, bordée de falaises blanches déjà habitées par les hommes à la Préhistoire. Au bord des escarpements, des châteaux médiévaux dominent les environs où se dandinent les troupeaux d'oies.

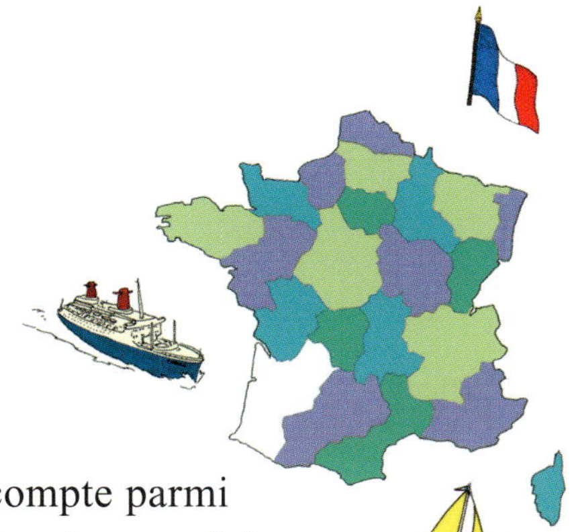

La cuisine française compte parmi les plus raffinées et les plus prestigieuses au monde, au point qu'elle est proposée pour être inscrite au patrimoine mondial de l'Unesco ! En France, la cuisine est un art, un héritage vivant, grâce à ses chefs mondialement réputés et à l'incroyable richesse des produits régionaux : foie gras, huîtres, escargots, gibier, fromages, cidre, vin ou champagne... Parler de cuisine, c'est nécessairement faire un tour de France !

Prenons l'exemple du foie gras : cela nous mène dans le Périgord, premier producteur en France. L'idée de faire du foie gras est née de l'observation de ces oiseaux. Les canards et les oies sont des oiseaux migrateurs, qui quittent les pays froids pour les pays chauds où ils passent l'hiver. Or, avant de prendre leur envol, ces oiseaux se constituent de solides réserves de graisse, afin de pouvoir voler des jours d'affilée sans se poser ni manger. Ils se gavent donc de nourriture, et la graisse ainsi stockée dans leur foie leur permet de parcourir des milliers de kilomètres sans devoir s'alimenter.

Il y a longtemps déjà que les hommes ont eu l'idée d'élever ces volatiles pour les engraisser. Sur les murs des tombes de pharaons d'Égypte qui ont vécu il y a 2 500 ans, les peintres représentaient des troupeaux d'oies, mais aussi une scène d'engraissage.

Chez les Grecs, on engraissait les oies avec du froment écrasé dans de l'eau, et chez les Romains, avec des figues. En France, depuis le XVIe siècle, on engraisse à la bouillie de maïs, qui donne un goût moins fort, rendant le foie plus facile à cuisiner.

Il y a 5 000 ans déjà, les Égyptiens engraissaient les oies pour les manger !

Le Puy de Dôme

Le volcan du Puy de Dôme, qui culmine à 1 466 mètres d'altitude, a donné son nom au département. À l'origine, c'est un autre de ces volcans d'Auvergne qui avait été retenu : le mont d'Or. Mais les Auvergnats craignant que ce nom synonyme de richesse leur attire de nouveaux impôts, ont préféré renoncer à l'or pour le « Puy de Dôme » !

Totalement endormis, les volcans d'Auvergne ? Pas sûr, car tous ne sont pas suffisamment vieux pour qu'on puisse affirmer qu'ils ne se réveilleront jamais... Les périodes d'activité de la chaîne des Puys se sont échelonnées dans le temps, entre 156 000 et 7 000 ans avant notre ère ; cela paraît très loin, mais c'est très peu pour des volcans !

Fait curieux, c'est seulement en 1752 qu'un géologue français du nom de Jean-Étienne Guettard découvre que les monts d'Auvergne sont, en fait, des volcans éteints. On pensait jusqu'alors qu'il s'agissait de terrils, des monticules composés de roches extraites des mines exploitées par les Romains dans l'Antiquité. En traversant l'Auvergne, Guettard trouve que ces monts ressemblent beaucoup au Vésuve, célèbre volcan italien situé à côté de Pompéi. Il étudie alors la composition de leurs roches et révèle leur origine volcanique. Cette annonce fait l'effet d'une bombe !

On regarde alors d'un œil neuf cette région, qui connaît un nouveau développement. On y installe un laboratoire d'études physiques pour mieux connaître les volcans, leur formation et leur évolution. On crée des stations thermales pour soigner toutes sortes de maladies, car les eaux de source qui coulent ici sont chargées en minéraux et en gaz puisés dans le sol volcanique. Les eaux de Volvic et de Vichy, notamment, prennent leur source au cœur des volcans d'Auvergne. On connaît ainsi, depuis l'Antiquité, les vertus médicales de l'eau de Vichy sur le système digestif : rien de tel qu'une cure dans cette ville pour soigner le foie, la vésicule biliaire, l'estomac, le pancréas ou l'intestin.

Le Puy de Dôme est également connu pour ses eaux minérales et ses thermes, en particulier ceux de Vichy.

Le château d'Anjony

Au cœur des monts du Cantal, dans le Massif central, à 780 mètres d'altitude, le château d'Anjony dresse fièrement ses quatre tours coiffées de toits pointus. Bâti sur une falaise volcanique, il émerge des bois et domine d'une quarantaine de mètres les eaux de la Doire, qui coule à ses pieds.

Le château d'Anjony a fait couler beaucoup de sang... et d'encre ! L'histoire se déroule au XIVe siècle. Le royaume de France est alors divisé en seigneuries, qui sont des territoires exploités et dirigés par des seigneurs dotés de pouvoirs importants.

C'est le cas des Tournemire, famille noble et puissante installée en Auvergne depuis le Xe siècle. Ils habitent le château de Tournemire, qui domine la vallée de la Doire, et leur influence s'étend jusqu'en Limousin et en Quercy.

En 1351, les Anjony, marchands de la ville d'Aurillac, qui se sont enrichis grâce au commerce des peaux et fourrures, achètent une tour sur les terres du château de Tournemire. À cette époque, en effet, de nombreux bourgeois acquièrent ainsi des biens seigneuriaux. Avec cette tour, les Anjony obtiennent aussi le droit d'exercer la justice et de prélever des taxes sur certaines terres alentour. Les deux familles deviennent donc voisines et, en 1368, Bernard d'Anjony épouse Marguerite de Tournemire.

Mais cette entente ne dure pas car, au XVe siècle, la France et l'Angleterre sont en pleine guerre de Cent Ans (1337-1453) et les deux familles choisissent de soutenir des camps opposés. Les Anjony promettent en effet fidélité et obéissance au roi de France en échange d'une charge et d'un titre de noblesse, alors que les Tournemire ont pris le parti du roi d'Angleterre. Voilà donc les deux voisins devenus ennemis !

S'ensuivent deux cents ans d'insultes, d'escarmouches, d'actes de vengeance, d'appels au roi, de procès et de duels, avec des dizaines de morts des deux côtés...

Le Puy-en-Velay

Perchée sur un étroit plateau adossé au rocher Corneille et au mont Aiguilhe, tous deux d'origine volcanique, la cathédrale Notre-Dame domine toute la ville du Puy-en-Velay. Pour y accéder, il existe deux escaliers : l'un mène au porche, l'autre débouche directement à l'intérieur de l'église.

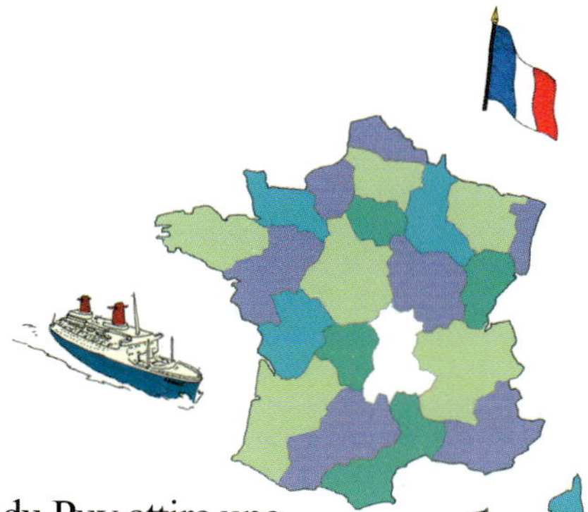

Au Moyen Âge, la ville du Puy attire une foule de pèlerins venus de toute l'Europe. Elle est en effet à cette époque l'une des principales étapes sur le chemin qui mène à Saint-Jacques-de-Compostelle, ce grand sanctuaire chrétien du nord de l'Espagne édifié sur le tombeau de saint Jacques, un disciple de Jésus qui a évangélisé l'Espagne.

Grâce à sa situation de carrefour, au centre de la France, Le Puy sert d'étape aux pèlerins venus des quatre coins du pays et même de l'étranger. Pour certains, d'ailleurs, la route s'arrête ici, car Notre-Dame-du-Puy est également un haut lieu de pèlerinage. Pour les autres, qui préfèrent poursuivre leur chemin, Le Puy n'est qu'une halte où retrouver les autres pèlerins. Avant de repartir, tous se recueillent dans la cathédrale Notre-Dame-du-Puy, devant la statue de la Vierge Noire qui trône au fond de l'église.

Un grand mystère plane autour de l'origine de cette statue représentant la Vierge, car elle est d'une étrange couleur noire. Certains pensent que c'est une antique statue de déesse égyptienne en bois de cèdre foncé, rapportée d'Orient à cause de sa ressemblance avec la Vierge. D'autres y voient une très ancienne statue originaire d'Auvergne, noircie pas la fumée des bougies et par le contact répété des mains posées sur elle en geste de dévotion. Enfin, certains croient qu'en souvenir d'une statue païenne noire, bienfaitrice de la cité, les fidèles ont peint cette statue chrétienne en noir pour qu'elle lui ressemble.

Ce mystère ne sera sans doute jamais percé, car la statue originale est partie en fumée en 1794 dans un incendie, si bien que c'est une copie qui se trouve désormais dans l'église.

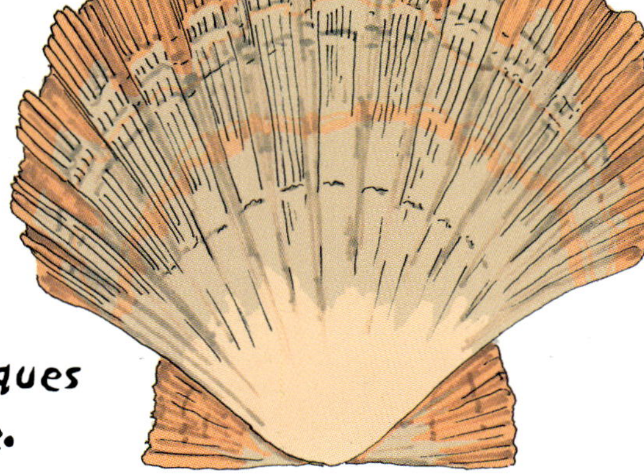

La coquille Saint-Jacques est le symbole du pèlerinage vers Saint-Jacques de Compostelle.

L'église Saint-Austremoine

Au Moyen Âge, les églises étaient pleines de couleurs que le temps a effacées. L'église Saint-Austremoine, à Issoire, date de 1140, mais a été restaurée au XIXe siècle, et peinte selon la tradition romane. Le résultat est saisissant : on n'a vraiment pas l'habitude de voir des coloris aussi vifs dans une église aussi ancienne !

Les églises, au Moyen Âge, sont bien plus que des lieux de culte pour célébrer les messes. Elles ont aussi pour vocation d'enseigner les fondements de la religion aux chrétiens qui ne savent pas lire, en représentant sur les murs la vie de Jésus et celle des saints. C'est pourquoi elles sont si richement décorées.

L'église abbatiale de Saint-Austremoine est un magnifique exemple de l'art roman, qui s'épanouit en Europe du Xe au XIIIe siècle. L'intérieur offre un ensemble exceptionnel de chapiteaux (sommet élargi d'une colonne) ornés. Quatre des huit chapiteaux qui entourent le chœur sont historiés, c'est-à-dire qu'ils racontent, en images, un épisode des Évangiles, ces récits de la vie de Jésus. Sur cette photo sont représentés les derniers jours de la vie du Christ jusqu'à sa mort et sa résurection.

L'histoire débute avec le récit de la Cène, le dernier repas que Jésus prend avec ses douze disciples, les Apôtres. Cet épisode occupe les quatre faces du chapiteau. Les disciples ont tous un cercle dessiné autour de la tête, l'auréole, emblème des saints. Tous, sauf un : Judas, car c'est lui qui a trahi Jésus, selon les Évangiles. Ce sont ces détails qui frappent les esprits.

À l'extérieur aussi, cette église est très belle. Son architecture, aux formes géométriques sobres, arbore de nombreux détails décoratifs, comme les douze signes du zodiaque. Ses dimensions aussi sont impressionnantes : elle mesure 65 mètres de long, sur plus de 7 mètres de large avec sept travées (allées entre deux piliers), et un clocher à 23 mètres de haut. Ce qui en fait la plus grande église romane d'Auvergne.

Saint-Austremoine est l'une des cinq églises majeures d'Auvergne.

Le Haras du Pin

Certains étalons du Haras du Pin sont de véritables vedettes, comme le fut le pur-sang anglais Garde Royale. Sa réputation a dépassé les frontières, non seulement parce qu'il a dominé les champs de course en alignant les victoires, mais aussi parce que ses poulains sont eux-mêmes devenus de grands champions !

À l'époque de Louis XIV, le cheval joue un rôle essentiel sur les champs de bataille. Sans lui, pas de cavalerie, et sans cavalerie, pas de victoire. C'est pourquoi l'armée doit pouvoir disposer de montures hors pair. Or les nombreuses batailles menées par Louis XIV font des ravages terribles parmi les chevaux. La France en vient donc à manquer de chevaux et doit les importer à prix d'or.

En 1665, le Roi-Soleil ne rêve que de conquêtes et de gloire, et décide de créer une administration spéciale pour subvenir aux besoins de son armée : les Haras royaux. « Haras » vient d'un ancien mot scandinave, *hârr*, « poil gris », que l'on retrouve dans des mots désignant l'équipement du cheval, comme le « harnachement » ou le « harnais ».

Les haras ont alors pour mission d'élever des chevaux pour l'usage de l'armée et d'améliorer les races en vue d'obtenir des animaux plus performants. Mais ils n'élèvent pas uniquement des montures résistantes et rapides. Les haras fournissent aussi à l'armée de puissants chevaux de trait pour tirer les chariots et les canons.

En 1715, le Haras du Pin est construit en Normandie pour rassembler un grand nombre d'étalons royaux. Il est surnommé le « Versailles du cheval » parce que sa magnifique architecture évoque le château et les écuries du roi.

Aujourd'hui, les champs de courses ont remplacé les champs de bataille mais les haras, devenus nationaux, cherchent toujours à améliorer les races de chevaux pour la compétition, les sports de loisir, l'attelage ou le trait. Au Haras du Pin, on compte ainsi 50 étalons de 10 races différentes, sur un total de 800 dans les Haras nationaux.

Louis XIV et les chevaux : une passion qui remonte à l'enfance.

La baie du Mont-Saint-Michel

Chaque année, 100 000 pèlerins traversent la baie à pied pour se rendre à l'abbaye gothique du Mont-Saint-Michel, surnommée « La Merveille ». Ils empruntent exactement le même chemin que les pèlerins du Moyen Âge et marchent en procession à la suite d'un guide pour éviter les dangers de la baie.

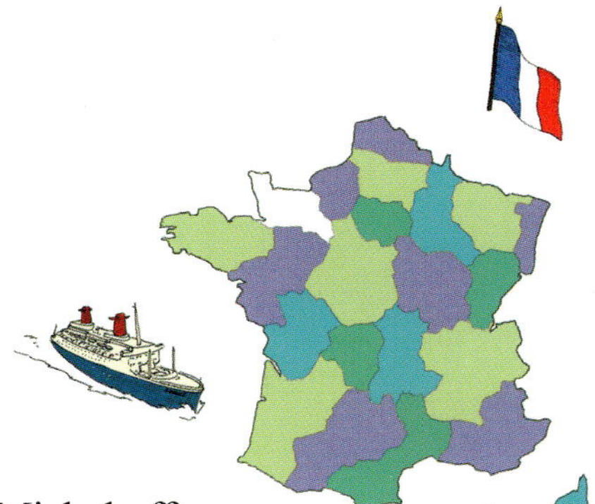

La baie du Mont-Saint-Michel offre un panorama exceptionnel, unique en France, qui se transforme totalement à chaque marée.

À en croire le poète Victor Hugo, ici, la mer remonte aussi vite qu'un cheval au galop. Lorsque le courant est fort, la vitesse de la mer dépasse en effet un mètre par seconde : un record ! L'effet est encore accentué par le fait que les marées y sont les plus fortes d'Europe, car la différence entre la mer à marée haute et la mer à marée basse peut atteindre 14 mètres de haut, soit la taille d'un immeuble de quatre étages !

Sous ses airs calmes, la baie cache bien d'autres surprises et parfois même des dangers. Entre les pointes de Cancale et de Granville, qui la délimitent, la mer qui monte forme en effet une vague déferlante de 25 kilomètres de large, qu'on appelle le « mascaret ». Cette vague ne progresse pas aussi vite sur toute sa largeur, ce qui crée des tourbillons d'eau dans lesquels mieux vaut ne pas se retrouver pris, au risque de se noyer !

À marée basse, attention cette fois aux sables mouvants... Ceux-ci sont constitués de plaques de sable sec qui flottent sur un sol visqueux composé de sable, d'eau salée et d'argile. Sous le moindre poids, le sable devient liquide et se dérobe, et l'on ne peut plus se dégager sans aide.

Heureusement, toutes ces menaces ne font pas peur aux animaux, et la baie est le paradis des oiseaux, des poissons et des mammifères marins. Elle sert de lieu d'élevage à de nombreux poissons comme la sole ou le carrelet. On peut même y croiser une colonie d'une trentaine de veaux marins qui y ont élu domicile. Ils adorent se prélasser sur les bancs de sable en compagnie de quelques phoques gris. Ou jouer dans l'eau, à marée haute, avec de grands dauphins...

Les phoques adorent les bancs de sable et les eaux poissonneuses de la baie.

La tapisserie de Bayeux

La tapisserie de Bayeux pourrait être considérée comme la première bande dessinée au monde : elle raconte un épisode de l'histoire de la Normandie et de l'Angleterre sous la forme de scènes successives commentées en latin.

En 1066, Guillaume le Conquérant, duc de Normandie, se lance à la conquête de l'Angleterre. Il traverse la Manche avec son armée et livre bataille aux soldats du roi Harold, à Hastings. Ayant remporté la victoire, Guillaume devient roi d'Angleterre.

Son épopée a été brodée sur une bande de lin de 70 mètres de long sur 50 centimètres de haut. Surnommée la « tapisserie de Bayeux », elle était destinée à décorer la toute nouvelle cathédrale de Bayeux, en Normandie. Il a fallu deux ans à un célèbre atelier en Angleterre pour réaliser cette broderie avec des fils de laine de huit couleurs différentes.

Le plus frappant est la foule de personnages qui y figurent : 626 au total, auxquels s'ajoute une abondante ménagerie composée de 202 chevaux et mules et de 505 autres animaux : poules, chiens, moutons, oiseaux, et même un corbeau et un renard situés sur les bordures...

Foisonnante de détails, la tapisserie de Bayeux nous renseigne avec une extraordinaire précision sur la vie au Moyen Âge. On y voit des châteaux forts construits sur des mottes de terre et entourés de remparts de bois. On découvre la flotte des bateaux normands à voile carrée qui transportent les hommes et leurs chevaux depuis la Normandie jusqu'en Angleterre. On assiste au siège d'un château, d'où les archers lancent leurs flèches sur les assaillants. On admire les cottes de mailles des soldats, leurs lourdes épées et leurs boucliers ornés de signes distinctifs. Enfin, on aperçoit le trône sur lequel est assis Guillaume, portant la couronne d'Angleterre. On distingue même la comète de Halley, qui traversa le ciel à cette époque ! Une belle leçon d'histoire en images...

Le drakkar de Guillaume le Conquérant

Les îles Chausey

La tradition raconte qu'à marée basse l'archipel de Chausey compte 365 îles, autant qu'il y a de jours dans l'année, mais qu'il n'en reste que 52 à marée haute, autant que de semaines dans l'année. Une façon, surtout, de dire combien il est difficile de les compter...

Situé à 17 kilomètres au large de Granville, en Basse-Normandie, Chausey est le plus grand archipel d'Europe : 65 hectares d'îles à marée haute, et presque cent fois plus de surface découverte à marée basse, puisque ce sont 5 000 hectares d'îles, de sable et de rochers qui apparaissent !

Curieuse histoire que celle de Chausey, qui débute en 1772, lorsque Louis XV offre ces îles à un abbé pour le remercier de les avoir mises en culture. Puis, en 1773, l'abbé meurt et ses héritiers vendent l'archipel à Louis Régnier, le fils de l'aubergiste de l'île. Celui-ci décide de reprendre une très ancienne activité : l'exploitation du granite. Ainsi, les carrières de Chausey, qui avaient jadis servi à la construction d'édifices réputés comme l'abbaye du Mont-Saint-Michel, serviront désormais à construire les quais de Londres et les trottoirs de Paris...

En outre, Régnier développe la production de soude, obtenue en ramassant le goémon, ces algues accrochées aux rochers, pour fabriquer du savon et du verre. L'archipel change encore une fois de propriétaire, en 1786, et Jacques Pimor intensifie la production de granite et de soude. Mais la production se ralentit à la fin du XIXe siècle, puis s'interrompt avec la guerre de 1914-1918.

Finalement, en 1919, trois familles de l'île, regroupées en association, rachètent l'archipel. Elles décident d'en faire un lieu privilégié, à l'environnement préservé, et entretiennent, encore aujourd'hui scrupuleusement les paysages de bocage, de cultures, les jardins et les landes, et restaurent les maisons de granite aux toits d'ardoise, afin de leur rendre leur aspect d'origine. Grâce à leurs efforts, Chausey abrite également une formidable réserve naturelle ornithologique. Cormorans huppés, pingouins torda, fous de Bassan, alouettes lulu et chevaliers gambettes apprécient la tranquillité des lieux au point d'y faire leur nid et de s'y reproduire.

Fou de Bassan

Pingouin

Cormoran huppé

L'Hôtel-Dieu de Beaune

Aujourd'hui musée, l'Hôtel-Dieu de Beaune a d'abord été un hôpital destiné aux pauvres. Construit au XVe siècle, il possède une charpente en forme de coque de bateau inversée. La toiture est couverte de tuiles en terre cuite émaillée de quatre couleurs : jaune, brun, rouge et vert.

De 1337 à 1453, la guerre de Cent Ans oppose la France à deux ennemis, la Bourgogne et l'Angleterre. Toutes les forces vives du pays sont mobilisées. Éloignés de chez eux, les soldats, lorsqu'ils ne combattent pas, pillent des villages et brûlent des fermes.

En 1440, la Bourgogne est un pays ravagé, menacé par la famine et les épidémies. Cette situation dramatique émeut Nicolas Rolin, le chancelier du duc de Bourgogne. Horrifié par le nombre grandissant de pauvres fuyant les campagnes dévastées par la guerre, il décide, avec sa femme, de bâtir un hôpital à Beaune pour accueillir les mendiants qui s'y réfugient par centaines. L'Hôtel-Dieu est né.

Ce lieu a pour vocation de soigner gratuitement les pauvres, et de fournir une fois par jour du pain à tous les nécessiteux se présentant devant la porte. Il accueille ses premiers malades en 1452 dans la salle des pauvres, longue de 50 mètres. Les lits, isolés par des rideaux, peuvent accueillir parfois jusqu'à deux personnes en cas de trop forte affluence. Quelques chambres plus luxueuses sont destinées à des malades qui paient leurs soins. Les infirmières sont des religieuses qui partagent leur temps entre les soins et la prière. Chaque jour, elles accueillent, examinent, soignent, lavent, pansent, nourrissent les malades, et gèrent l'intendance de l'hôpital.

La renommée de cet hôpital est telle que les dons (d'argent, de biens et même de terres) affluent. Les hospices de Beaune sont ainsi aujourd'hui propriétaires de 60 hectares de vignobles, dont le vin est vendu chaque année aux enchères au profit des hôpitaux.

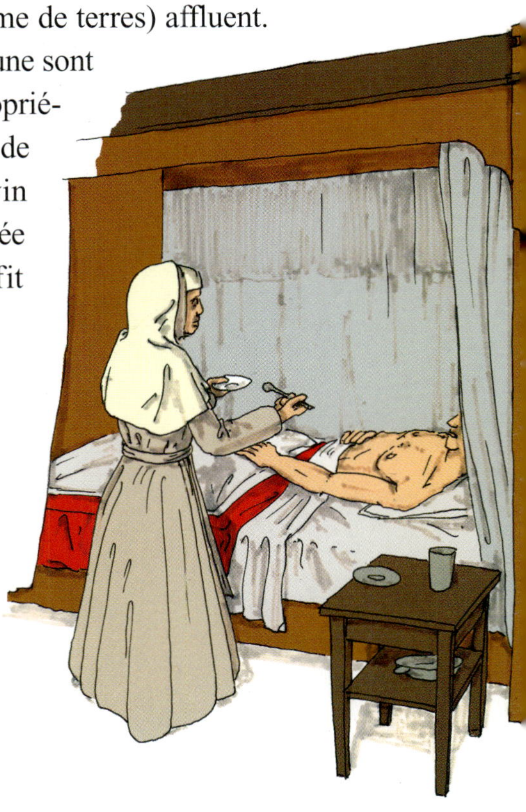

Une sœur soigne un malade, dans la grande salle de l'Hôtel-Dieu.

L'abbaye de Cîteaux

Cîteaux est la maison mère de plusieurs abbayes construites selon un plan simple. Au centre, le cloître sert de lieu de passage entre l'église, la salle capitulaire où se rassemblent les moines, le réfectoire, où ils prennent leurs repas, et le dortoir.

Avec Cîteaux naît, à la fin du XIe siècle, un nouvel ordre religieux, celui des Cisterciens. En réaction à la richesse et au faste affiché de l'Eglise, ces moines choisissent de mener, à l'écart du monde, une vie de pauvreté, de lecture et de prière. L'ordre cistercien connaît un tel succès dès sa fondation qu'il compte, au XVIe siècle, en Europe, 1 600 abbayes de moines ou de moniales.

Pour réduire leurs échanges avec le monde extérieur, les moines cisterciens exploitent leurs terres pour en tirer leur nourriture. Cela est rendu possible par l'accueil de «frères convers», en plus grand nombre que les moines. Ces frères convers sont souvent d'anciens paysans pauvres, pour la plupart illettrés, qui ne peuvent étudier les Écritures et qui assurent les travaux des champs et les tâches domestiques de l'abbaye. Ils vendent également sur les marchés certains produits fabriqués à l'abbaye. Grâce à eux, les moines cisterciens peuvent consacrer plus de temps aux offices religieux, à la lecture de textes chrétiens, à la copie de manuscrits (livres écrits à la main) et à leur illustration.

Aujourd'hui, on compte en France une trentaine d'abbayes rattachées à Cîteaux, réparties pour moitié entre des moines et des moniales (femmes), qui partagent leur temps entre travail au monastère, lecture et prière. Les frères convers ont disparu, mais les moines continuent à travailler pour assurer leur subsistance. À Cîteaux, par exemple, les 35 moines de l'abbaye fabriquent un fromage à pâte pressée non cuite, de type reblochon, fait à partir du lait de leurs vaches. L'abbaye abrite donc un troupeau de vaches, une ferme, une étable… et même un magasin, où les moines vendent le fromage de Cîteaux, qui constitue leur ressource principale.

Les moines de Cîteaux commercialisent du fromage qu'ils fabriquent eux-mêmes.

La pointe du Raz

La pointe du Raz est située à l'extrême ouest du Finistère, sur la côte atlantique. Le bout du monde ! Ce cap de granit et de bruyère est sans cesse fouetté par les vagues. Le mot *raz* (« courant d'eau »), d'origine scandinave, arrivé en France avec les Vikings au IXe siècle, désigne les courants marins violents.

Entre la pointe du Raz et l'île de Sein, en face, le courant est si violent que la navigation y est réputée très dangereuse. Depuis toujours, d'ailleurs, les bateaux sont nombreux à y faire naufrage, malgré les trois phares (le Bec du Raz, la Vieille et Tévennec) construits dans le détroit pour les guider. Ces fréquents naufrages ont donné naissance à de multiples légendes bretonnes.

L'une d'elles raconte que, les jours de tempête, on devine parfois, à travers les brumes de la pointe du Raz, un bateau qui navigue toutes voiles dehors, luttant contre vents et marées. Le plus étrange est qu'il ne laisse aucun sillage derrière lui sur l'écume des flots et semble presque flotter dans le brouillard. Sur son passage s'élève un chant triste et sans fin, auquel se mêlent des cris et des appels étouffés.

Personne n'a jamais réussi à aborder ce navire. Et pour cause : c'est un bateau fantôme ! Les marins bretons pensent qu'il transporte les *Anaon*, les âmes des noyés dont les corps n'ont pas été retrouvés. Ces morts sans sépulture sont condamnés à errer ainsi, indéfiniment, autour de la pointe du Raz, portés par les courants et les vagues déchaînées...

On raconte que, sur le pont supérieur de ce navire, se trouve seulement le barreur qui tient le gouvernail, le regard fixé sur l'horizon. C'est le dernier noyé de l'année précédente qui dirige ainsi le bateau jusqu'à la fin de l'année. Les Bretons craignent de le croiser, car on le surnomme l'« ouvrier de la mort » : il annoncerait, d'après la légende, une mort prochaine à ceux qui auraient le malheur de l'apercevoir.

Les calvaires bretons

Petit monument en forme de croix, sculptée en bas-relief, où l'on retrouve le Christ, la Vierge et souvent plusieurs saints, les calvaires bretons ont été presque tous construits au XVIe siècle.

Les campagnes françaises regorgent de croix et de calvaires édifiés à partir du Moyen Âge. On en compte encore près de 20 000 à travers le pays. La croix est nue ou ornée d'un Christ tandis que le calvaire, présent surtout en Bretagne, représente plusieurs scènes de la Bible avec des personnages réunis au pied de la croix. Leur style artistique varie du plus simple au plus élaboré. Les personnages sont, pour la plupart, vêtus selon la mode du XVIe siècle, les calvaires datant presque tous de cette époque. On a surnommé les calvaires « la Bible du pauvre », parce que leurs sculptures racontaient la vie de Jésus aux populations des campagnes qui ne savaient pas lire.

Ces calvaires mettaient en scène toujours la même histoire, celle de la naissance, des derniers jours et de la mort de Jésus. Le mot « calvaire » vient d'ailleurs du latin *calvaria*, qui veut dire « crâne », symbole de la mort. Souvent dressés dans les cimetières, les calvaires servaient alors de croix funéraire pour l'ensemble des tombes, car, à cette époque, il n'était pas d'usage d'en placer sur chacune d'entre elles. Manifestations de la foi chrétienne, ces calvaires étaient aussi censés éloigner le diable.

Parfois situés en pleine campagne, croix et calvaires jouaient encore bien d'autres rôles. Supposés attirer la protection divine, ils étaient réputés très utiles pour éviter les inondations près des gués des rivières, ou détourner des fermes, les sécheresses et les épidémies. Certains remplissaient aussi une fonction pratique : édifiés aux croisements des chemins, ils servaient de repères sur les routes de pèlerinage, mais pouvaient aussi délimiter un domaine.

En Bretagne, de nombreux calvaires et croix jalonnent la campagne.

Les alignements de Carnac

La Bretagne est l'une des régions d'Europe où l'on trouve le plus grand nombre de mégalithes, ces « pierres levées » d'époque préhistorique. Ici, à Carnac, se dressent plus de 3 000 pierres, alignées sur 4 kilomètres !

Une légende bretonne raconte comment saint Cornély, poursuivi par une armée de soldats romains, transforma ses ennemis en pierres. L'armée se figea alors en des dizaines de longues files de pierres dressées, pour donner naissance aux célèbres alignements de Carnac, composés de menhirs, des « pierres longues » en langue celte. Mais une autre légende attribue plutôt la création de ce site à des êtres surnaturels, en particulier des fées. C'est pourquoi ces pierres sont souvent surnommées « Roche-aux-Fées » ou « Pierre-des-Fées ».

Au-delà de la légende, ce site renferme, encore aujourd'hui, de nombreux mystères. Il est étrange, lorsque l'on arrive sur les lieux, de constater que ces menhirs sont alignés en rangées régulières et parallèles, et semblent de plus classés par ordre de taille, du plus petit au plus haut.

À quelles fins les anciens ont-ils ainsi aligné autant de menhirs à Carnac ? Certains pensent que cet alignement leur servait à observer les mouvements du Soleil et de la Lune afin de fixer, par exemple, les dates les plus propices aux récoltes. D'autres y voient, au contraire, un sanctuaire religieux. Aucune explication ne fait l'unanimité.

Dans tous les cas, ces menhirs ont été placés ici par des hommes à l'époque néolithique, entre 5 000 et 2 000 ans avant J.-C., sans doute par plusieurs générations successives. Devenus agriculteurs, les hommes s'installèrent progressivement dans une vie sédentaire et commencèrent à développer des croyances religieuses. C'est alors qu'ils édifièrent des dolmens, sortes de tables de pierre sous lesquelles ils enterrèrent leurs morts. Ils élevèrent aussi à leurs dieux des menhirs géants pesant parfois plus de 10 tonnes. Il fallut sans doute plusieurs centaines d'hommes pour les transporter et les lever vers le ciel.

Les Gaulois firent de ces dolmens des lieux sacrés.

La Sologne

Entre la Loire et le Cher s'étend la Sologne, un territoire de 500 000 hectares, couvert aux trois quarts de forêts : le paradis des grands cervidés. Ici, les animaux trouvent aussi des prairies, des landes et de nombreux étangs créés par les hommes qui ont asséché les marais.

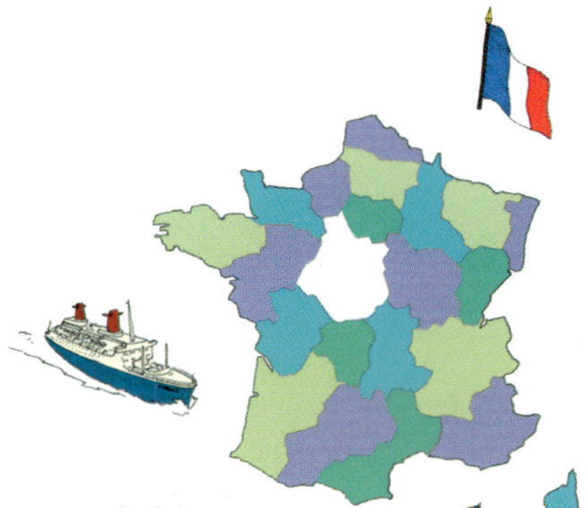

« Dans ce pays qu'on ne voit bien qu'en écartant les branches », selon l'écrivain solognot Alain-Fournier (1886-1914), la forêt couvre les trois quarts du territoire. Mais l'eau occupe également une grande place en Sologne, avec pas moins de 3 200 étangs. Un tel cadre est merveilleux pour les animaux. On trouve ici des biches et des cerfs, des chevreuils, des sangliers, des lapins, des rapaces, et 200 espèces d'oiseaux, parmi lesquelles des oiseaux migrateurs en route pour les pays chauds !

Le plus noble de tous ces animaux est le cerf élaphe, à la démarche lente et majestueuse. Il peut mesurer 1,50 mètre et peser entre 100 et 250 kilos : il est le plus grand animal de la forêt solognote. Il avale chaque jour jusqu'à 15 kilos d'herbes, feuilles, écorces et fruits. Il a donc besoin de grands espaces et son territoire peut dépasser 5 000 hectares. De nature craintive, le cerf sort rarement des forêts, se déplaçant de préférence à l'aube ou au crépuscule.

Les cerfs vivent en harde (troupeau d'animaux sauvages), mais préfèrent la solitude pendant le rut, la saison des amours. Les bagarres ne sont alors pas rares entre deux cerfs amoureux qui croisent les bois pour défendre leur territoire ou leur harde. Certains s'en sortent parfois blessés, mais rares sont ceux qui succombent à leurs blessures, car celui qui se sent inférieur préfère battre en retraite avant que les choses ne tournent mal. Le rut a lieu à l'automne, de mi-septembre à mi-octobre : c'est le temps du brame. Pendant cette période, le cerf pousse de longs cris rauques pour appeler les biches et chasser ses rivaux. Il brame surtout au crépuscule ; son cri s'entend de très loin tellement il est puissant et, s'il est très difficile de croiser un cerf, il est toujours possible de se rendre en Sologne pour entendre son chant, étrange et mystérieux, venu du fond des bois.

Avec ses 3 200 étangs, la Sologne est aussi le paradis des oiseaux.

Le château de Chambord

Le château de Chambord est vraiment gigantesque : dehors, 156 mètres de façade, dedans, 440 pièces, avec 365 cheminées et 83 escaliers ! Parmi eux, celui, à double hélice, de la salle des gardes, qui permet de monter à deux sans jamais se croiser. Une idée de génie de Léonard de Vinci !

À son victorieux retour d'Italie, en 1515, François Ier rêve de construire un édifice royal qui soit à la fois une forteresse et un palais d'agrément.

Il apprécie le Val de Loire, où il vient souvent chasser, et découvre Chambord. Avec ses 5 440 hectares entourés d'un mur de 32 kilomètres, ce territoire de chasse est le plus grand parc forestier d'Europe. Un domaine aussi vaste que Paris, très plat, avec une rivière et des étangs, au bord desquels poussent des chênes et des futaies, des taillis et des landes qui abritent un gibier abondant.

François Ier décide d'y édifier son château. Il lance les travaux en 1519. Les plans reprennent alors ceux utilisés traditionnellement dans les châteaux royaux : une forteresse protégée par une enceinte rectangulaire renforcée de tours, d'un donjon colossal et de douves (fossés remplis d'eau) creusées tout autour. Mais le château ne ressemble pas pour autant à un château fort classique ! Car, pour dessiner les plans, François Ier s'entoure d'artistes de la Renaissance italienne, comme Léonard de Vinci. Il a envie d'un palais avec une riche ornementation, avec terrasses à balustrade et fenêtres décorées. La toiture en ardoise est toute hérissée de tourelles à chapeau pointu, de cheminées et de lucarnes superposées. Des feuilles sculptées habillent les plafonds et les escaliers. Un vrai château de conte de fées... et le symbole de la Renaissance française.

Cet escalier à double hélice créé par Léonard de Vinci permet de monter à deux sans jamais se croiser !

L'ange au sourire de Reims

Adossé au portail gauche de la façade de la cathédrale de Reims, cet ange souriant fut décapité lors d'un bombardement, en septembre 1914. Heureusement, les habitants ont ramassé les morceaux pour les recoller. Surnommé le « sourire de Reims », cet ange du XIIIe siècle est l'emblème de la ville.

Pour les bâtisseurs du Moyen Âge, la cathédrale est la demeure de Dieu sur terre. Elle ouvre un chemin vers le ciel et doit donc se voir de loin. Celle de Reims, édifiée à partir de 1211, mesure presque 150 mètres de long et 38 mètres de haut.

En plus d'être un lieu de culte et de recueillement, les cathédrales servent aussi à faire connaître l'histoire de Dieu et de Jésus aux chrétiens. C'est pourquoi les peintures murales, les statues et les vitraux colorés mettent la Bible en images, la rendant accessible à tous, y compris à ceux, très nombreux à cette époque, qui ne savent pas lire. À Reims, on compte ainsi 2 303 sculptures, un record en Europe !

La façade est donc plus qu'une simple porte d'entrée dans l'église : elle raconte la vie de Jésus, de Marie, sa mère, elle montre des anges et des saints.

La cathédrale de Reims présente toutefois la spécificité de mêler aux personnages de la Bible des statues représentant les rois de France, réputés de droit divin. Cette particularité s'explique par le fait que la cathédrale de Reims a servi pendant des siècles au baptême puis au sacre des rois de France.

Clovis est le premier roi de France à choisir de devenir chrétien, et il fut baptisé à Reims en 496. Une légende raconte que, lors de son baptême, une colombe plus blanche que neige serait descendue du ciel, portant dans son bec une ampoule contenant le saint chrême (huile sacrée). Les Francs y virent aussitôt un signe de Dieu et utilisèrent dès lors cette huile sainte pour leur sacre. Cette légende du IXe siècle donne aux rois de France l'occasion d'affirmer qu'ils ont été choisis par Dieu pour gouverner le royaume.

On raconte qu'une colombe apporta une fiole d'huile sacrée, pour le baptême de Clovis.

Les faux de Verzy

On appelle ces étranges arbres aux branches tordues les « faux de Verzy ». En effet, s'il n'en existe plus aujourd'hui que quelques spécimens dispersés en Europe, ici, à Verzy, sur la montagne de Reims, on en trouve un grand nombre (700) qui s'y reproduisent depuis des siècles.

Le terme « fau » vient du latin *fagus* (« hêtre ») et désigne, jusqu'au XVIIIe siècle, le hêtre. Ce nom ancien demeure aujourd'hui attaché à une variété de hêtre très spéciale, étrange et rare, le hêtre tortillard, aux branches torsadées et enchevêtrées. Son écorce, ses feuilles, ses fleurs et ses fruits sont identiques au hêtre commun. Mais son apparence n'est pas du tout la même ! Ses branches et son feuillage sont si serrés qu'ils forment comme une voûte impénétrable qui descend parfois jusqu'au sol.

Le hêtre tortillard a également un mode de croissance particulier : ses branches s'entortillent les unes aux autres et finissent par se souder entre elles. Et pourtant, ce phénomène n'est pas une maladie et n'empêche pas l'arbre de vivre vieux, parfois jusqu'à 500 ans !

Si nous pouvons encore observer ces faux aujourd'hui, c'est grâce aux moines de l'abbaye de Verzy, fondée au VIIe siècle, qui pensaient que leur aspect curieux était le fruit d'une intervention divine. Ils ont donc tout fait pour protéger ces arbres particuliers et les ont même aidés à se développer en plantant des boutures dans ce parc, ce qui explique qu'il y ait, aujourd'hui encore, 700 faux à Verzy.

Malgré tout, l'origine des faux reste un mystère qui a engendré plusieurs légendes. L'une d'elles attribue leur naissance à des esprits malfaisants qui auraient pris un malin plaisir à tordre ces hêtres en jouant une mélodie avec leurs flûtes magiques. Une autre, du XIXe siècle, raconte que ces arbres auraient été plantés par saint Basle, au VIe siècle, au fur et à mesure de sa mission d'évangélisation pour baliser les lieux christianisés. Et, d'ailleurs, trois villages portant le nom du saint possèdent effectivement un hêtre tortillard...

En réalité, les botanistes ignorent toujours l'origine de ce phénomène, même s'ils pensent à une réaction naturelle de l'arbre pour se défendre contre une maladie. Drôle de thérapie !

C'est grâce à saint Basle que les faux de Verzy existent toujours.

Les tours génoises

Sur les côtes de la Corse, les tours génoises, construites au XVIe siècle, ont permis d'éviter les attaques des pirates. Réparties sur les côtes ouest et sud de l'île, elles mesurent entre 12 et 17 mètres de haut. Sur la centaine que comptait l'île, il en reste 67 dont celle-ci, à Campomoro.

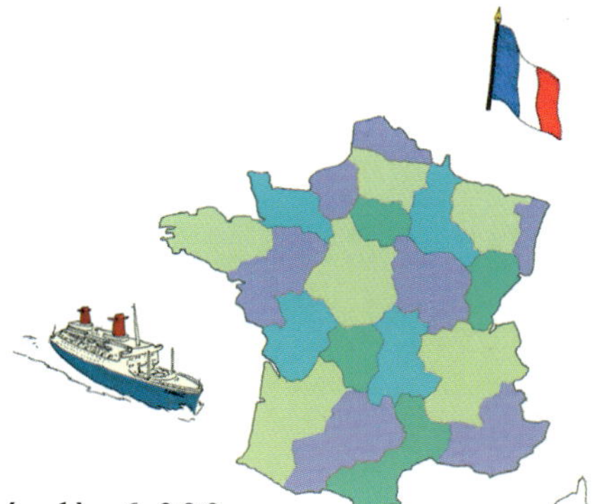

1560 : cette année-là, 6 000 Corses sont embarqués de force sur des bateaux par des pirates venus d'Afrique du Nord, et emmenés pour être vendus comme esclaves. C'en est trop pour les populations soumises depuis des années à ces rapts !

Les autorités décident enfin d'agir contre ce fléau. La Corse est alors une possession de la république de Gênes, en Italie, qui a confié la gestion de l'île à l'Office de Saint-Georges, une banque riche et puissante. Les gouverneurs génois et l'Office de Saint-Georges mettent donc sur pied un système de défense sur les parties ouest et sud de l'île, qui subissent le plus d'attaques. En quelques mois à peine sont construites tout le long de la côte des tours crénelées rondes ou carrées où se tiennent deux guetteurs qui surveillent la mer en permanence.

Le système est simple. Dès qu'une voile pirate pointe à l'horizon, les gardiens allument au sommet de l'édifice un feu dont la fumée, visible de loin, prévient du danger les tours voisines. Chacune des tours répercute alors le signal aux autres tours, mais aussi dans les terres, pour permettre aux habitants de trouver refuge dans les maquis des montagnes au centre de l'île.

Pour que ce système de défense fonctionne, il existe des règles de guet très strictes. Ainsi, les gardiens n'ont pas le droit de s'absenter tous les deux en même temps, ni plus de deux jours de suite.

Au fil du temps, ce système de défense dissuade les pirates, qui lancent leur dernière incursion en 1731.

De la fumée sort de la tour ? Attention, pirates à l'horizon !

Les falaises de Bonifacio

Les falaises blanches de Bonifacio offrent un spectacle éblouissant aux marins ! Il est d'ailleurs plutôt étrange de trouver ici une roche calcaire alors que, partout ailleurs en Corse, c'est le granit qui domine. Ces falaises s'étendent sur 70 kilomètres de long et surplombent la mer à 70 mètres de haut.

Bonifacio est la ville située le plus au sud de la Corse. La partie haute de la cité est construite au bord de la falaise calcaire, à l'aplomb de la mer. Du XIIIe au XVIe siècle, la république de Gênes (en Italie) contrôle toute l'île, et ses armées occupent la citadelle, édifiée dans la ville haute.

Parmi les nombreux assauts lancés contre Bonifacio, important port de commerce, celui de la couronne d'Aragon, en 1420, a laissé des traces sur la falaise. L'Aragon est alors une grande puissance méditerranéenne, qui réunit plusieurs États. La Corse est la seule île de cette partie occidentale du Bassin méditerranéen qui n'appartienne pas encore à cette puissance. Le roi d'Aragon décide donc de lancer une attaque contre Bonifacio pour soumettre l'île. Une légende raconte que, voulant prendre la citadelle par surprise, les soldats creusèrent 187 marches à flanc de falaise, en une nuit seulement !

Surnommé l'« escalier du roi d'Aragon » (le nom du roi y est en effet gravé), cet escalier existe vraiment. Il est édifié dans une faille naturelle, et dessine une ligne oblique sur le calcaire de la falaise.

Certains cependant attribuent sa construction aux moines franciscains installés depuis le XIVe siècle dans un couvent de la cité. Cet escalier leur aurait permis de descendre directement s'approvisionner en eau potable à une source située au pied de la falaise.

Il faut dire que, sans cet escalier, il n'était pas facile d'atteindre la mer depuis le haut de la paroi. À tel point que la plage en contrebas servit, longtemps après la construction de l'escalier, de poubelle aux habitants qui jetaient par la fenêtre tout un tas de vieilles choses. Aujourd'hui, on trouve ainsi des trésors, pièces de monnaie anciennes ou vieux livres. Voilà pourquoi cette plage porte le surnom de « Cocagne », qui symbolise un pays d'abondance.

Les moines devaient descendre 187 marches pour aller chercher de l'eau !

Le lac Nino

Situé dans la région du Niolo, au centre de la Corse, le lac Nino culmine à 1 743 mètres d'altitude, cerné de sommets de 2 000 mètres. Le panorama est impressionnant, car le lac est entouré de pelouses d'un incroyable vert vif infiltrées d'eau : les pozzines.

Le lac Nino est niché sur un plateau, au cœur des montagnes du Niolo. Avec 12 mètres de profondeur et une superficie de 7 hectares, il est le deuxième plus grand lac de Corse, et donne naissance au Tavignano, l'un de ses principaux fleuves.

Le lac Nino est surtout réputé pour l'éblouissant paysage qu'offrent les pozzines qui le bordent : ce sont de vastes étendues de pelouses sillonnées de points d'eau. Ce nom de « pozzine » a été donné en référence à ces trous d'eau, les *pozzi*, en langue corse.

Les pozzines sont des tourbières, c'est-à-dire des marécages acides au fond desquels se forme de la tourbe, née de la décomposition des mousses et des végétaux accumulés depuis plusieurs milliers d'années. Car les pozzines, si fascinants scient-ils, sont en fait le signe de la lente disparition du lac, peu à peu comblé par la tourbe, dans un processus géologique inévitable.

Malgré tout, le spectacle est vraiment saisissant... La tourbe donne en effet naissance à un gazon fait de mousse et d'herbe tendre, d'un vert clair exceptionnel.

Certaines plantes rares trouvent également ici tous les éléments nécessaires à leur épanouissement : humidité, fraîcheur et lumière. C'est le cas des violettes, des renoncules (bouton-d'or ou bouton-d'argent) et des aconits, plante vénéneuse de montagne aux fleurs bleues, que les animaux évitent de manger car elle les rend malades. Mais les tourbières font surtout le bonheur des grassettes, petites plantes carnivores qui se nourrissent des insectes d'eau.

Le lac Nino attire enfin les animaux ravis de brouter cette herbe tendre, en particulier les chevaux sauvages qui viennent, nombreux, se régaler au bord du lac. Ils font eux aussi partie du décor...

Violette

Bouton-d'or

Aconit vénéneuse

Grassette

La réserve naturelle de Scandola

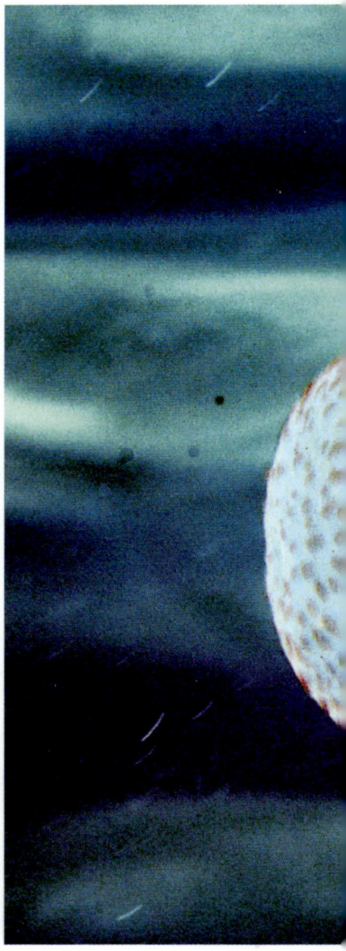

Seul site naturel français à être inscrit sur la liste du patrimoine mondial de l'Unesco, la réserve de Scandola, à l'ouest de l'île, mérite son surnom de « perle » de la Corse. Elle abrite des paysages surprenants sculptés dans une roche rouge et des fonds marins riches en poissons.

En 1880 déjà, l'écrivain Guy de Maupassant s'extasiait devant les rochers de Piana, en Corse, qu'il comparait à « des arbres, des plantes, des bêtes, des monuments, des hommes, des moines en robe, des diables cornus, des oiseaux démesurés, tout un peuple monstrueux ». Ces rocs aux formes étranges et aux tons écarlates, modelés par la mer et le vent, font partie de la réserve naturelle de Scandola.

Celle-ci couvre 1 900 hectares répartis entre la terre ferme et la mer. Elle est surtout accessible en bateau, car la montagne toute proche ne permet pas un accès facile à la côte. Au pied de ces falaises de porphyre rouge, sorte de roche volcanique, se dessinent des grottes mystérieuses creusées par les vagues.

Du corail rouge et des langoustes, espèces toute deux rares et menacées, y trouvent refuge. Dans ce petit paradis aquatique prolifèrent également 243 espèces de poissons et 450 variétés d'algues, dont certaines, les posidonies, se développent sur un mètre de haut, formant des prairies sous-marines. Des milliers de patelles, mollusques à la coquille en forme de cône, surnommés « chapeaux chinois », s'accrochent au bas des rochers. On croise même des dauphins près du rivage.

Car la réserve de Scandola est régie par des règles très strictes, visant à préserver l'incroyable richesse de la faune et de la flore. Il est interdit, par exemple, d'y pêcher et d'y plonger, et la vitesse des bateaux est sévèrement contrôlée.

En plus d'être un lieu de promenade privilégié, c'est aussi un formidable laboratoire de recherches pour étudier l'évolution des espèces dans leur habitat naturel.

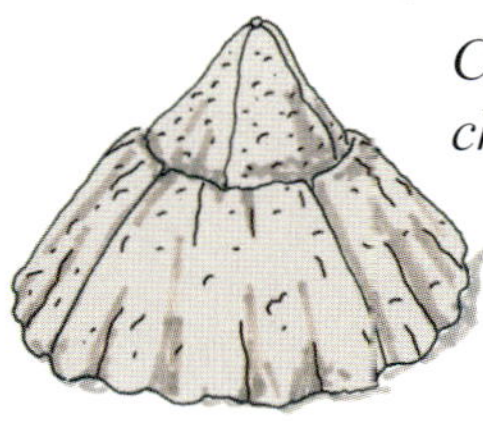
Chapeaux chinois

Cormoran

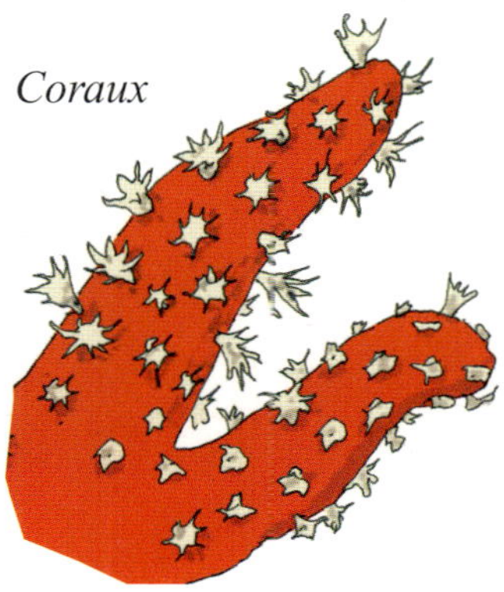
Coraux

Langouste

La chapelle Notre-Dame-du-Haut, à Ronchamp

Édifiée entre 1950 et 1955, la chapelle de Ronchamp est une œuvre de Le Corbusier, architecte majeur du XXe siècle. À l'époque, cet édifice religieux aux formes étranges est un choc pour beaucoup de chrétiens. Aujourd'hui, Notre-Dame-du-Haut est devenue une référence de l'art sacré.

Au cours de la Seconde Guerre mondiale, l'église de Ronchamp est détruite. Après la guerre, les autorités religieuses décident de faire appel à Le Corbusier (de son vrai nom Charles Édouard Jeanneret) afin d'en édifier une nouvelle.

Pour cet architecte d'origine suisse, l'architecture se fonde sur deux principes essentiels : l'unité et l'harmonie. C'est pourquoi les bâtiments qu'il dessine revêtent des formes simples à l'extérieur et renferment de vastes espaces sans cloisons à l'intérieur.

En arrivant sur le site de Ronchamp, Le Corbusier est tout de suite séduit par le paysage vallonné et boisé, et monte à pied sur la colline pour mieux s'imprégner de la nature qui l'entoure.

Il décide alors de s'inspirer pour ce projet de l'architecture dite « organique », courant s'inspirant des formes naturelles, et conçoit un édifice intégré au paysage, sans pour autant renoncer à son principe d'unité et d'harmonie. Cela donne une chapelle double : fermée d'un côté, avec des murs tout en courbe, ouverte et rectiligne de l'autre, pour permettre aux pèlerins qui viennent chaque année fêter ici la Nativité de la Vierge Marie, le 8 septembre, de communier en pleine nature.

Un toit unique relie les deux espaces. Il reproduit l'aspect d'une coquille de crabe et déborde largement des murs. Les fenêtres sont des « canons à lumière », de formes et de tailles différentes, qui laissent voir l'épaisseur des murs.

Seules touches de couleur dans cet univers blanc, les vitrages peints projettent des touches de lumière sur le sol et les murs opposés. Ici, pas besoin d'éclairage savamment étudié : la lumière totalement naturelle en fait un lieu intime, propice au recueillement.

La cité radieuse à Marseille est une autre œuvre de Le Corbusier.

La cascade de Baume-les-Messieurs

Dans cette vallée du Jura, la rivière du Dard trace son lit en partie dans des grottes souterraines. À l'endroit où la rivière émerge de la falaise, ses eaux forment une grande cascade. Le spectacle est incroyable, surtout au moment de la fonte des neiges ou en période de pluie, car la cascade est alors plus abondante.

Baume-les-Messieurs se niche dans une « reculée », une vallée longue et profonde, qui s'est formée il y a 30 millions d'années dans le plateau calcaire jurassien. Cette vallée bordée de falaises aux parois verticales s'achève en cul-de-sac. C'est tout au fond, près du village, que jaillit une cascade aux contours étranges.

La cascade des Tufs est formée par le Dard, rivière en partie souterraine qui prend sa source dans des grottes près de Baume-les-Messieurs, puis coule sur plus de 2 kilomètres à travers la roche calcaire, avant de sortir à l'air libre.

Tout au long de son parcours souterrain, la rivière se charge en particules de calcaire, arrachées aux parois rocheuses entre lesquelles elle circule. À sa sortie des grottes, la rivière chute le long de la falaise, formant une cascade d'aspect plutôt bizarre. En effet, le calcaire contenu et dissous dans l'eau de la rivière durcit au contact de l'air. En se solidifiant, il donne naissance à une roche légère, le tuf, qui emprisonne la mousse et les petites algues qui poussent sur la falaise humide ; c'est pourquoi la cascade est dite « pétrifiante ».

L'eau, en continuant de jaillir sur ce tuf, augmente progressivement le volume de la cascade. Ce phénomène est inhabituel : alors que, d'habitude, une cascade use la roche sur laquelle elle coule et la creuse peu à peu, ici au contraire la roche se développe au contact de l'eau, habillée par le tuf.

À 120 mètres sous terre, les grottes de Baume-les-Messieurs abritent des galeries, des lacs et… des chauves-souris !

Le musée de l'aventure Peugeot à Sochaux

À Sochaux, où l'entreprise Peugeot possède une usine depuis 1912, un musée présente la grande aventure de ce constructeur automobile. Dans un décor amusant, c'est toute l'histoire de la marque française qui est retracée, depuis les vélos les plus anciens jusqu'aux voitures les plus futuristes.

L'aventure Peugeot est d'abord celle d'une famille qui ne manque pas d'idées... Peugeot est aujourd'hui une marque célèbre pour ses voitures. Mais saviez-vous que la famille fabriqua d'abord des moulins à café avant de se lancer dans les vélos ?

Au XVIIIe siècle en effet, la famille Peugeot construit et exploite des moulins à eau dans le pays de Montbéliard, en Franche-Comté. Ces moulins servent à moudre le grain ou fournissent de l'énergie à diverses industries (teinturerie, huilerie).

Vers 1815, deux frères, Jean-Pierre et Jean-Frédéric Peugeot en transforment un en fonderie d'acier pour fabriquer des lames de scies et des ressorts d'horlogerie. Puis ils diversifient leur production et, en 1855, ils vendent ainsi des tondeuses pour coiffeurs, des machines à coudre, et même des moulins à café !

Très vite, ils fabriquent aussi des vélos et des tricycles. Le succès est tel que la famille Peugeot décide de créer un logo à apposer sur tous les articles d'acier qui sortent de leur usine, afin d'attirer l'attention. Ce sera un lion marchant sur une flèche, pour symboliser la force et la résistance de l'acier alliées à la souplesse du félin, symbole de la Franche-Comté.

En 1889, la famille Peugeot innove encore : elle s'associe à des fabricants de moteurs (Serpollet et Daimler), et se lance, parmi les premiers avec De Dion-Bouton, Panhard ou encore Renault et d'autres, dans l'aventure automobile. Grâce à certaines inventions comme le tricycle à vapeur, le quadricycle à pétrole ou le moteur à l'arrière, la marque Peugeot se fait vite une place de choix sur ce marché.

À tel point que le lion Peugeot devient lui aussi plus conquérant : en 1948, il se redresse sur ses pattes arrière et il est, aujourd'hui encore, l'emblème français d'une des principales entreprises automobiles mondiales.

Célèbre pour ses voitures, la marque Peugeot l'est aussi pour ses moulins à café «R», nés en 1840.

Les falaises d'Étretat

À Étretat, dans le pays de Caux, les hautes falaises de craie ont été peu à peu rongées par la mer au point de dessiner un étrange panorama d'arches et de pics blancs entourés d'eau. Un piton isolé en forme d'aiguille a même servi de cadre à un roman policier rocambolesque.

La falaise d'Étretat est constituée d'un empilement de couches de calcaire épaisses de plusieurs dizaines de mètres, une structure vivante très sensible à la violence combinée de la mer et des intempéries. Depuis des millénaires, en effet, les pluies, le gel et la sécheresse provoquent des éboulements qui abîment la falaise. Plus bas, les galets de silex très durs projetés sur la roche tendre par les vagues et les courants creusent des grottes, et taillent des arcs et des pics dans la falaise. On appelle ce phénomène l'érosion.

L'érosion a ainsi détruit une partie de la côte, lui donnant une curieuse forme d'arche, comme si la falaise enjambait la mer. À une cinquantaine de mètres de la côte, un piton rocheux en cône pointu se dresse au milieu de l'eau. Cette aiguille, qui faisait autrefois partie de la falaise, en a été progressivement séparée par l'érosion pour devenir un pic isolé.

Cet étrange paysage a inspiré de nombreux écrivains. C'est le cas de Maurice Leblanc, qui a donné vie au personnage d'Arsène Lupin, un gentleman cambrioleur de la Belle Époque (vers 1900-1920) très habile pour subtiliser des objets de grande valeur.

L'une de ses aventures, intitulée *L'Aiguille creuse*, se situe à Étretat. Arsène Lupin cherche à résoudre une mystérieuse énigme. Un message codé le mène jusqu'à l'aiguille d'Étretat. Maurice Leblanc va jusqu'à imaginer que ce pic de calcaire est creux et qu'il renferme un trésor. Et pas n'importe quel trésor ! Celui des rois de France : des pièces d'or, des bijoux, des pierres précieuses, des tableaux de maître... Le rêve de tout cambrioleur !

Quel trésor abrite donc l'aiguille creuse d'Étretat ? Arsène Lupin est le seul à le savoir !

Le jardin de Monet, à Giverny

En 1890, le peintre Claude Monet (1840-1926) achète à Giverny, dans l'Eure, une maison entourée d'un grand jardin. Passionné de fleurs, il y fait pousser des glycines, des azalées et des pensées de toutes les couleurs. Mais, ce qu'il préfère peindre, c'est son jardin d'eau, et le pont japonais qui disparaît sous les glycines.

C'est à Giverny, situé à une heure de Paris, que le peintre Claude Monet choisit d'habiter. Il y possède une propriété où il fait creuser un bassin qu'il remplit d'eau et de nymphéas. « J'aime l'eau, mais j'aime aussi les fleurs, avoue-t-il. C'est pourquoi, le bassin rempli, je songeai à le garnir de plantes. J'ai pris un catalogue et j'ai fait un choix au petit bonheur, voilà tout. » Autour de ce jardin d'eau, il fait pousser des bambous et des saules pleureurs. La mode étant alors au style japonisant, inspiré des délicates estampes japonaises fleuries que Monet collectionne, il construit un pont japonais pour enjamber l'eau, et le couvre de glycines.

Pendant les vingt-six dernières années de sa vie, Claude Monet passe son temps à peindre son jardin, et surtout le pont japonais et les nymphéas de son bassin fleuri. Parfois il se lève dès cinq heures du matin pour saisir la lumière au lever du soleil, et reste devant son chevalet jusqu'au crépuscule pour capter les derniers rayons du soleil couchant.

Le travail artistique de Monet se caractérise par l'étude qu'il fait de la luminosité. Sur sa toile, il juxtapose et superpose des touches de couleurs différentes, pour suggérer le jeu des reflets sur l'eau. Plutôt que la réalité de la nature, ce sont en effet les impressions, les changements instantanés dus à la lumière et aux reflets qu'elle crée, que Monet s'attache à restituer sur ses toiles.

Monet est l'un des premiers représentants de l'école de peinture impressionniste, née au XIXe siècle en France, qui reprend justement le nom d'une de ses toiles, intitulée *Impression, soleil levant* (1872).

À Giverny, on peut visiter la maison où vécut Monet : tout y est resté comme au temps du peintre.

Les gisants de la basilique de Saint-Denis

Qu'ils soient mérovingiens, carolingiens, capétiens, Valois ou Bourbon, ce sont au total 73 rois, reines, princes et princesses qui sont inhumés à Saint-Denis, surtout à partir du XIIe siècle. Leurs dépouilles reposent sous des « gisants », statues de pierre qui figurent leurs corps.

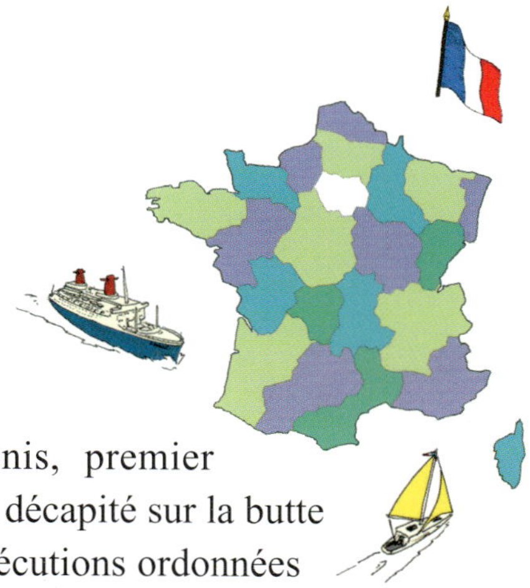

Vers 250, saint Denis, premier évêque de Paris, fut décapité sur la butte Montmartre, lors de persécutions ordonnées par les empereurs romains contre les chrétiens. La légende raconte qu'il marcha longtemps encore, portant sa tête entre ses mains. Arrivé dans une plaine, qui devint la plaine Saint-Denis, il déposa sa tête au sol et mourut quelques instants plus tard. Au même endroit, il fut enterré, et sa tombe devint un haut lieu de pèlerinage pour les chrétiens. Une église y fut d'abord construite puis embellie et transformée en abbaye par les rois de France venus prier en ce lieu.

Avec le temps, des liens importants se créent entre le pouvoir royal et l'abbaye. Les abbés, très cultivés, jouent le rôle de conseillers auprès des rois. Et, bien qu'ils ne sacrent pas les rois (l'évêque de Reims le fait traditionnellement), ce sont eux, pourtant, qui sont chargés de conserver les vêtements et les insignes portés par le roi au cours de la cérémonie du couronnement : couronne, sceptre et main de justice.

Finalement, les rois font de Denis le saint protecteur du royaume de France et choisissent de se faire enterrer près de sa tombe, espérant ainsi bénéficier de son appui, même dans la mort. Ils sont ainsi 73 rois, reines, princes ou princesses à reposer dans l'abbaye dans des tombes décorées de gisants, qui sont des sculptures funéraires souvent somptueuses, représentant le défunt couché.

Le château de Versailles

À Versailles, à partir de 1663, Louis XIV crée un parc magnifique. Il choisit les plantes lui-même et prend plaisir à parcourir les allées arborées. Mais, ce qu'il aime plus encore, c'est y organiser des fêtes somptueuses. Le roi adore se déguiser, danser et jouer lui-même dans les pièces de théâtre.

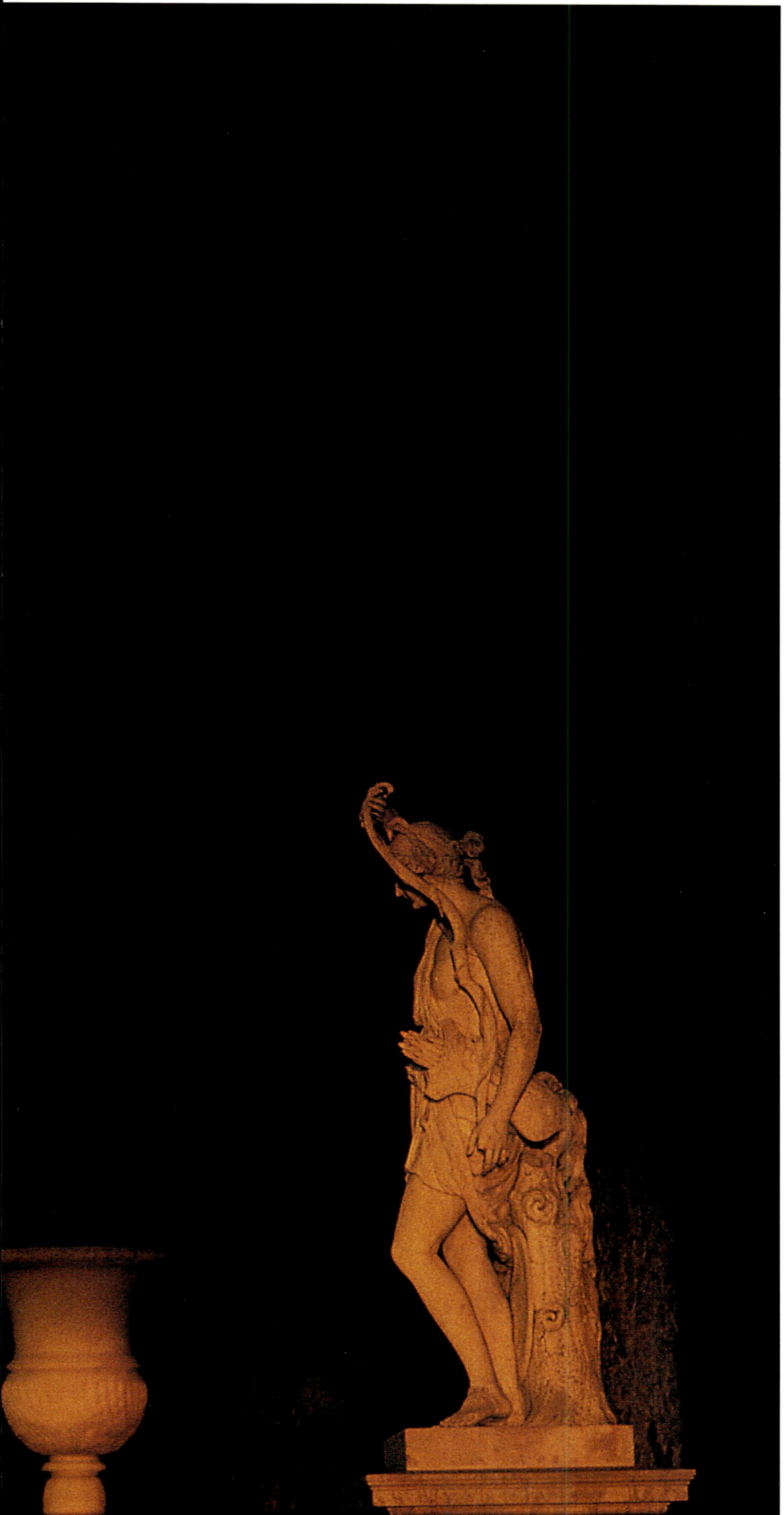

Avant même que soit édifié le célèbre château du même nom, Versailles fut d'abord connu pour ses jardins. Louis XIV, qui connaît bien et apprécie énormément ce domaine où il vient chasser, confie le soin d'aménager en parc ce territoire de marais à André Le Nôtre, qui est à la fois jardinier et architecte. Pour la première fois, Le Nôtre crée des allées symétriques, taille les arbres, imagine des jeux d'eau, des grottes, des labyrinthes, plante des buis, des ifs et des charmes. Il vient d'inventer le jardin « à la française », surnom donné par les visiteurs étrangers à ce parc d'apparence ordonnée et pourtant riche en surprises au détour des bosquets : 2 200 statues, un potager où l'on cultive l'ananas et le café, une orangerie, et même une ménagerie remplie d'animaux insolites, perroquets et autruches, tigres et rhinocéros...

Toute la journée, les fontainiers postés près des bassins, des fontaines et des cascades sifflent à l'approche du roi pour donner l'ordre de déclencher les jets d'eau. Il n'y en a pas moins de 1 400 !

Le parc est à peine aménagé que le roi y reçoit déjà. « Les Plaisirs de l'île enchantée » est la première d'une longue série de fêtes grandioses données dans les jardins.

Durant tout le règne de Louis XIV, le parc de Versailles sert de décor naturel à divers ballets, pièces de théâtre de Molière ou concerts de Lully, dîners aux flambeaux et feux d'artifice. Les invités portent des chapeaux à plumes, des masques et des perruques.

Souvent, le roi lui-même se déguise et offre à ses spectateurs ravis le plaisir de le voir danser dans des mises en scène somptueuses. Une manière bien à lui de manifester sa grandeur !

Louis XIV s'est volontiers prêté au jeu d'acteur, comme ici, où il incarne Apollon.

Auvers-sur-Oise et Van Gogh

L'église d'Auvers-sur-Oise s'est métamorphosée sous les coups de pinceau de Vincent Van Gogh (1853-1890), sur cette toile conservée au musée d'Orsay, à Paris. Ce tableau, aux couleurs fortes et expressives, est le fruit de longues observations, fondement du travail de l'artiste.

Au XIXe siècle, les peintres issus de l'école impressionniste délaissent les règles de l'art classique, fondées sur l'exacte imitation d'un modèle. Ils préfèrent reproduire les couleurs et les reflets que la lumière fait naître sur un motif à un instant précis de la journée. Pour cela, ils quittent leurs ateliers et cherchent l'inspiration dans la campagne.

Nombreux sont alors les artistes qui viennent poser leur chevalet à Auvers-sur-Oise. Ce petit village du Val-d'Oise, situé à moins d'une heure de train de Paris, est apprécié pour la variété des sujets d'étude qu'il offre, depuis ses maisons anciennes jusqu'à ses paysages champêtres.

Parmi les peintres qui s'y retrouvent, Daubigny, Pissarro ou encore Cézanne. Mais aussi Vincent Van Gogh, qui s'y installe en 1890 pour se faire soigner par le docteur Gachet, un médecin réputé dans le milieu de l'art. Van Gogh souffre en effet d'hypersensibilité au point d'agir parfois avec folie, comme lorsqu'il s'est coupé une oreille au rasoir à la suite d'une dispute avec son ami le peintre Paul Gauguin, en 1888.

Arrivé le 20 mai 1890 à Auvers, Van Gogh est aussitôt séduit par le village et ses environs. Toujours insatisfait de son travail, il enchaîne alors les tableaux, cherchant à atteindre la perfection. En 70 jours, il achève ainsi 74 toiles, soit plus d'une toile par jour ! L'une d'elles, peinte au mois de juin, représente l'église d'Auvers qui surplombe le village. L'église apparaît déformée, à l'image, sans doute, des tourments intérieurs de l'artiste. Car, le 27 juillet, Vincent Van Gogh se tire une balle dans la poitrine et meurt deux jours plus tard, le 29 juillet 1890. Il repose dans le cimetière, à l'ombre de l'église qu'il avait peinte.

Pendant de longues années, Van Gogh et Gauguin peignaient souvent ensemble.

Le parc du Gévaudan

Les loups ont longtemps fait partie du paysage sauvage et boisé du Gévaudan, vaste région de vallées et de montagnes. Aujourd'hui, 135 loups y vivent en semi-liberté, dans un parc qu'il est possible de visiter. On peut y voir des loups qui n'ont vraiment rien de la bête monstrueuse qui a terrorisé le Gévaudan au XVIIIe siècle...

Qu'était la bête du Gévaudan ? Un énorme loup agressif et avide de chair humaine ? Un animal fabuleux ? Une méchante hyène ramenée d'Orient ? Un loup obéissant à un homme et dressé à tuer ? Certains détails évoquent un loup, mais les légendes foisonnent. Au total, la bête aurait fait au moins 81 victimes, entre 1764 et 1767, surtout des femmes et des enfants sans défense. Rien ne semble pouvoir l'arrêter, ni les soldats, ni le louvetier du roi, ni les chasses organisées. Effrayant !

Le 12 janvier 1765, dans le Gévaudan : sept enfants, cinq garçons et deux filles, gardent un troupeau lorsqu'ils voient un monstre bondir sur eux. Une tête énorme au museau allongé, le poil roux avec du noir sur le dos, le poitrail large et trapu, la queue touffue. La bête du Gévaudan ! Aussitôt, chacun brandit son bâton au bout duquel est fixé un couteau. Mais l'animal mord l'un des enfants au visage. Les autres chargent, la bête s'écarte et revient, plus agressive encore, tournoyant autour d'eux. Elle attrape le plus jeune, âgé de huit ans, et le traîne par le bras. Jacques, douze ans, s'élance à sa poursuite, suivi par les autres. L'animal court vite, malgré sa proie, mais tombe dans une fosse boueuse et s'y embourbe. Les enfants cherchent à lui enfoncer leurs lames dans la gueule, l'animal résiste. Enfin, un coup plus violent lui fait prendre la fuite.

De retour au village, les enfants, tous vivants, sont fêtés en héros. Le roi leur envoie de l'argent et offre l'école, alors réservée aux classes aisées, à Jacques, pour le récompenser de sa bravoure. La réputation de la bête sèmera longtemps encore la terreur dans la région.

Qu'était la bête du Gévaudan ?

Le pont du Gard

Le pont du Gard fait partie d'une gigantesque canalisation construite par les Romains au Ier siècle pour approvisionner la ville de Nîmes en eau.
Cet ouvrage est une véritable prouesse technique, car l'eau parcourt une distance de 50 kilomètres avant d'arriver à Nîmes.

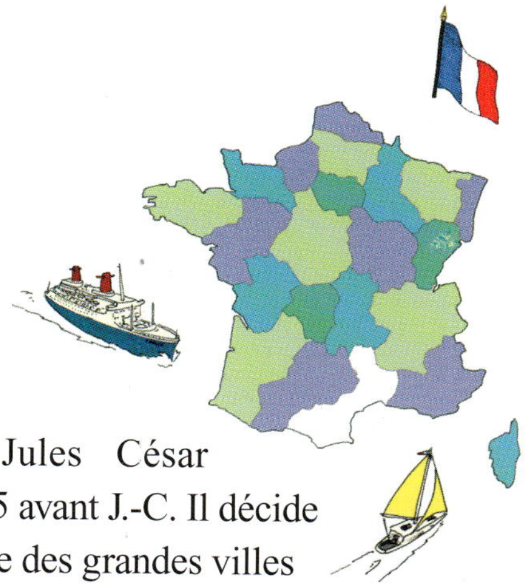

Le consul romain Jules César conquiert Nîmes en 45 avant J.-C. Il décide de faire de cette cité l'égale des grandes villes romaines. Pour cela, il fait construire de nouveaux monuments, des temples et, bien sûr, des thermes, ces bains publics où les Romains viennent se laver et discuter. Comme partout dans l'Empire, les fontaines se multiplient aux carrefours, des latrines (toilettes publiques) sont créées, ainsi que des égouts pour évacuer les ordures.

La source qui alimente Nîmes ne suffit bientôt plus à approvisionner la ville en eau. Il faut la faire venir de la source d'Eure, près d'Uzès, distante de 50 kilomètres, en la faisant circuler dans une canalisation. Or le relief accidenté complique le parcours de cette canalisation et oblige les Romains à construire des tunnels et des ponts. Un chantier gigantesque, qui a duré presque vingt ans pour s'achever en l'an 60, et a mobilisé près de 1 000 hommes !

Le résultat est un exploit technique incroyable pour l'époque : il s'écoulait dans la canalisation un litre d'eau par seconde et l'eau mettait seulement 24 heures pour parcourir 50 kilomètres.

Le plus important des ouvrages construits pour ce projet est le pont du Gard, qui enjambe le Gardon. Ce pont-canal, ou aqueduc, est magnifique ! À l'origine, il mesurait 360 mètres de long (275 mètres aujourd'hui) et comportait trois étages de 6, 11 et 47 arches (arcades au-dessus de l'eau) ; un étage permettait d'ailleurs aux voyageurs de traverser, même si le pont n'avait pas été construit dans ce but. Le dernier étage, perché à 49 mètres au-dessus de la rivière, supportait la conduite d'eau : c'est le plus haut aqueduc de l'Empire romain !

L'eau de l'aqueduc alimentait les thermes où les Nîmois venaient se laver, se délasser et discuter.

Le château de Puilaurens

Bâti sur un piton rocheux des contreforts des Pyrénées, à 697 mètres d'altitude, le château de Puilaurens est protégé par une double enceinte crénelée à quatre tours. Un vrai nid d'aigle, inaccessible et vertigineux !

Au XIIIe siècle, le pape Innocent III lance une croisade, une expédition militaire et religieuse, contre les cathares, ces chrétiens qui s'écartent de l'Église romaine par certaines pratiques et certains principes.

Le roi de France Louis IX, grand défenseur de la foi chrétienne, participe à la croisade, car il y voit également une occasion d'augmenter son territoire dans le Languedoc.

Il met ainsi le siège devant Puilaurens, forteresse proche de la frontière espagnole, qui abrite quelques cathares. En 1255, il se rend maître de la citadelle, et entreprend de bâtir de nouvelles fortifications. Jusqu'en 1659, date à laquelle la France et l'Espagne signent un traité de paix, ce bastion stratégique est souvent la cible des attaques espagnoles et il faut le protéger.

Le roi veut faire de Puilaurens une forteresse imprenable. Il fait donc édifier un double rempart crénelé de 200 mètres de long, renforcé par quatre grosses tours rondes et un donjon carré. Surtout, neuf murs disposés en zigzag protègent la porte d'entrée. Ce stratagème de défense est efficace, car il oblige les visiteurs ou les assaillants à marcher en file indienne, et cela évite ainsi les attaques groupées.

Dans la plus ancienne tour, à l'à-pic de l'escarpement, un étonnant système de porte-voix a aussi été créé sous la forme d'un étroit conduit creusé dans le mur. Cela permettait sans doute aux gardes de communiquer rapidement des informations importantes d'un étage à l'autre.

Est-ce à cause de ces bruits de voix qu'est née la légende de la Dame blanche, qui a donné son nom à cette tour ? On raconte, en tout cas, que la petite-nièce du roi Philippe le Bel, Blanche de Bourbon, qui séjourna au château, erre parfois la nuit sur le chemin de ronde des remparts vêtue de voiles blancs...

La légende raconte qu'une dame vêtue de blanc erre sur les remparts du château.

Le gouffre de l'aven Armand

Ce sont les plus hautes stalagmites au monde : l'une d'elles atteint 30 mètres de haut et on se sent tout petit à côté ! Ces 400 colonnes sculptées par le calcaire, au fond du gouffre de l'aven Armand, ont de drôles de surnoms liés à leurs formes : le Palmier, le Chou-Fleur, la Mâchoire du Tigre...

Il a fallu des millénaires pour qu'un gouffre souterrain (« aven », en langage scientifique) se forme au cœur du plateau des Causses, situé à 970 mètres d'altitude. Longtemps, les habitants de la région se méfient de ce trou noir, cet abîme, au point de lui donner le surnom de « Gosier du diable », réputé engloutir des troupeaux entiers et des passants égarés. Autant dire que personne n'ose s'y aventurer !

Il faut donc bien du courage ou de l'inconscience à Louis Armand quand, le 18 septembre 1897, il décide d'explorer ce trou avec Édouard Alfred Martel, spéléologue de renom. Ils emportent des cordes et 1 000 kilos d'échelles, de caisses de lampes, de provisions... et même un téléphone avec un fil très long, capable d'atteindre le fond !

C'est Armand qui descend le premier le long de la paroi verticale. Après 75 mètres de progression dans un puits étroit, quelle stupeur ! Le voilà dans une grotte gigantesque mesurant 120 mètres de long sur 60 mètres de large ! Encore plus incroyable : tout autour de lui se dresse une véritable forêt vierge. Des colonnes sculptées aux contours bizarres et scintillants, des stalagmites, faites de calcaire, qui semblent jaillir du sol !

Pendant trois jours, les deux hommes explorent le gouffre. La grande salle compte 400 stalagmites, dont l'une mesure 30 mètres, ce qui en fait la plus haute connue à ce jour dans le monde. Le spectacle est féerique !

Les premières descentes dans le gouffre de l'aven Armand se firent avec des échelles de cordes !

Le plateau de Millevaches

Les vaches limousines sont aujourd'hui environ 5 millions, réparties dans le monde entier, et notamment sur le plateau de Millevaches, dans le Limousin. Cette race est très réputée, en particulier pour sa viande tendre.

L'origine du nom du plateau de Millevaches reste un mystère. Est-ce un mot issu du celte signifiant « mille sources » ? L'endroit est en tout cas un véritable château d'eau pour le Limousin car la pluie s'infiltre dans les failles de la roche et donne naissance à de nombreuses rivières. Millevaches est-il plutôt, comme d'autres le pensent, un mot d'origine gallo-romaine voulant dire « lieu élevé et désert » ? C'est, il est vrai, un plateau dont l'altitude varie entre 700 et 977 mètres (le mont Bessou) et qui est très peu peuplé.

Son origine a aussi donné naissance à bien des interprétations… Une légende locale raconte qu'une jeune bergère avait l'habitude de garder son troupeau de vaches sur le plateau. Un jour d'orage, ses bêtes, d'ordinaire fort sages, devinrent totalement indociles. La bergère, surprise et exaspérée, ne sachant plus se faire obéir, les envoya au diable. La prenant au mot, celui-ci transforma alors chacune des mille vaches du troupeau en rochers, donnant naissance au plateau de Millevaches…

Légende ou réalité ? En tout cas, des blocs de granite parsèment par endroits ce plateau vieux de 300 à 400 cents millions d'années, dont le sol acide fournit une végétation peu variée, landes à bruyères, tourbières (marécages où se décomposent certaines plantes) et forêts.

Dans ce cadre austère est née une race de vaches rustiques. Très résistante, musclée et solide, la limousine se révèle parfaite comme animal de trait, capable de tirer de lourds fardeaux et docile à diriger. Mais elle fournit aussi une excellente viande, sans gras et avec peu d'os.

L'Art nouveau à Nancy

L'Art nouveau est inspiré de la nature. Toutes ses lignes évoquent des tiges ondulantes empruntées à la liane ou à des fleurs comme l'iris, le lys, le pavot. De nombreux domaines artistiques profitent de ce mouvement, l'architecture et la peinture, le mobilier et les objets décoratifs, les bijoux et la mode.

L'Art nouveau est un mouvement artistique et architectural de la fin du XIXe et du début du XXe siècle, né en Angleterre et à Bruxelles, puis rapidement adopté partout en Europe.

En France, c'est à Nancy, en Lorraine, que l'Art nouveau prend son essor. Pourquoi ? Parce que la France a perdu l'Alsace et la Moselle, en Lorraine, suite à sa défaite contre l'Allemagne en 1871. Une partie de la population préfère quitter cette région annexée. Beaucoup d'artistes, de commerçants et d'industriels s'installent alors à Nancy, seule grande ville de Lorraine non occupée. Parmi eux, nombreux sont ceux qui se font construire une maison, style Art nouveau, devenu un mouvement dans l'air du temps.

L'Art nouveau ne se contente pas d'inventer des formes originales, il les travaille également dans de nouvelles matières, comme le verre et l'acier. Les façades perdent leur aspect sévère, et s'animent de lignes courbes et ondulées, qui s'inspirent de la nature. Et même la décoration intérieure profite des motifs végétaux en forme de tiges et de pétales de fleurs, auxquels se joignent des paons, libellules et papillons qui ajoutent une note poétique. Ainsi, par exemple, les balcons en fer forgé ressemblent à des branches, la baignoire est en forme de nénuphar, les vases représentent des plumes en verre soufflé et les vitraux, des bouquets fleuris.

Le succès de l'Art nouveau dans la ville est tel que, en 1901, de nombreux artistes et artisans lorrains, comme Émile Gallé et les frères Daum, pour le verre et le cristal, ou Louis Majorelle pour le mobilier et la faïence fondent l'École de Nancy et mettent leurs idées, leur savoir-faire et leur créativité au service de projets communs.

Cette lampe a été créée par Émile Gallé dans le pur style floral de l'Art nouveau.

Les images d'Épinal

Personnage rusé et parfois cruel, toujours prompt à donner des coups de bâton, Polichinelle a fait le bonheur des créateurs d'images d'Épinal, à la recherche de sujets populaires. On le reconnaît à son costume bicolore et son bicorne, ainsi qu'à son gros ventre, son nez crochu et son énorme bosse.

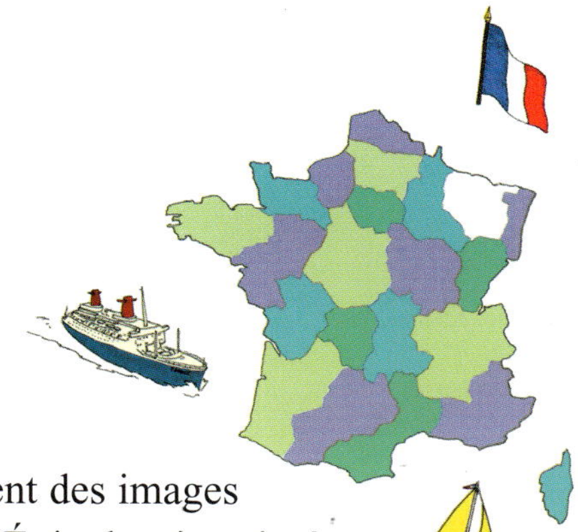

Vers 1800 apparaissent des images coloriées dites « d'Épinal », imprimées dans la ville du même nom, située dans le département des Vosges. Leur créateur est un fabricant de cartes à jouer, Jean-Charles Pellerin.

Celui-ci reprend l'idée des images pieuses du Moyen Âge, créées dans les monastères pour évangéliser un public qui ne savait pas lire. Dessus était figuré le Christ, la Vierge ou un saint. Ces images étaient destinées à servir de support à la prière quotidienne ou à protéger leur détenteur contre tout malheur. Mais Pellerin ne se contente pas de reproduire ces modèles religieux. Il élargit les thèmes au folklore, aux contes de fées et chansons traditionnelles, et même à l'actualité.

Pour créer une image, Jean-Charles Pellerin grave d'abord le motif sur un morceau de bois à l'aide d'une lame d'acier. Puis il enduit le bois d'encre et le presse fortement sur une feuille de papier. Le dessin est ensuite colorié dans des tons vifs, à l'aide de colorants passés au pinceau sur des pochoirs découpés dans des cartons.

Produire une image prend du temps ; alors, à partir de 1820, Pellerin utilise la stéréotypie, un moulage de bois gravé sur du plomb qui ne s'use pas, ce qui permet de reproduire les modèles en plus grand nombre sans avoir besoin de les refaire. Puis, en 1850, Pellerin expérimente la lithographie, qui permet d'imprimer sur du papier un motif dessiné au crayon gras sur une pierre. N'ayant plus à être gravés, les dessins sont plus rapides à exécuter et s'enrichissent d'une foule de détails.

Les planches deviennent alors plus grandes, racontant de véritables histoires, comme celle de Polichinelle, célèbre marionnette des théâtres de foires, venue d'Italie.

Les étapes de la lithographie

Le cimetière de Douaumont

À la fin de la Première Guerre mondiale, en 1918, la France compte 1,4 million de morts. Ici, à Douaumont, reposent 146 000 soldats tués à Verdun. Certains reposent dans la terre, d'autres dans un ossuaire qui figure une épée enfoncée dans le sol illustrant symboliquement la fin des combats et la paix.

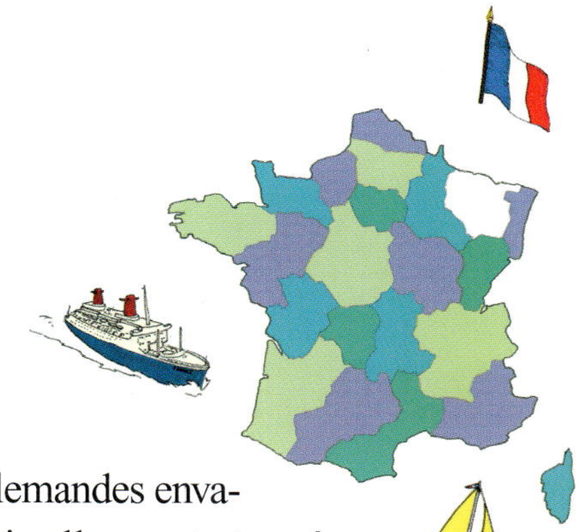

En 1914, les troupes allemandes envahissent la France mais elles sont stoppées dans la Marne, à moins de soixante kilomètres de Paris. Les deux armées se fixent alors face à face sur une large ligne de front qui va de la mer du Nord à la Suisse. Pour se protéger des tirs ennemis, les soldats creusent dans la terre un réseau de tranchées où ils vivent, n'en sortant que pour attaquer.

Le 21 février 1916, les Allemands lancent une vaste offensive sur Douaumont, point culminant de la région de Verdun, qu'ils bombardent avec 1 225 canons. Ils veulent percer les lignes ennemies mais aussi infliger des pertes impitoyables aux Français.

C'est le début d'un terrible et sanglant affrontement qui dure 300 jours, sans aucune trêve, car les Allemands tirent même la nuit à la lueur de fusées éclairantes. Mais les Français résistent. Ils ont reçu l'ordre de tenir coûte que coûte et de se faire tuer sur place plutôt que de reculer.

C'est « l'enfer de Verdun », dix mois sous le feu des obus et des balles qui pleuvent, faisant sans cesse de nouveaux blessés et des morts que l'on ne peut même pas évacuer. Les soldats vivent dans des tranchées pleines de boue et grouillantes de rats. Ils ont froid et peur. La bataille de Verdun est la plus meurtrière de la guerre, avec 300 000 morts dans les deux camps. Mais c'est aussi une formidable victoire française ! En effet, le fort de Douaumont est repris aux Allemands, qui sont repoussés sur leurs positions de départ.

Pour rendre hommage aux morts de Verdun, un monument a été édifié à Douaumont, sur le lieu de la bataille. Dans le cimetière reposent 16 100 soldats identifiés, tandis que l'ossuaire conserve dans des caveaux les ossements de 130 000 soldats inconnus, aussi bien français qu'allemands.

Voici l'uniforme des soldats français en 1914 : le pantalon rouge, trop voyant, devient bleu en 1916.

Le viaduc de Millau

Surnommé « le pont du Gard du XXIe siècle », le viaduc de Millau enjambe la vallée du Tarn sur 2 460 mètres. Résultat d'un savoir-faire exceptionnel, il reste, à ce jour dans le monde, le plus haut viaduc à haubans, c'est-à-dire en partie suspendu par des câbles obliques accrochés à des pylônes.

Autrefois, il fallait compter environ deux heures pour traverser en voiture la vallée du Tarn ; depuis l'ouverture du viaduc de Millau, fin 2004, il faut deux minutes ! Ce pont à haubans, dessiné par l'architecte britannique Norman Foster, est une véritable prouesse technique.

Il a été construit de manière à « enjamber » la vallée du Tarn et, à cet endroit, les voitures roulent donc maintenant à 270 mètres au-dessus de la rivière : l'un des poteaux de soutien s'élève à 336 mètres au-dessus du sol, ce qui en fait la plus haute pile (nom donné aux piliers qui soutiennent le pont) du monde !

Autre exploit remarquable, l'utilisation de 154 haubans tendus entre le pylône et le pont, pour soutenir le tablier, la partie du pont sur laquelle roulent les voitures. Ce tablier, fabriqué en partie dans les usines Eiffel, a beau être en métal, plus léger que le béton, il pèse malgré tout l'équivalent de cinq tours Eiffel !

Le viaduc de Millau est aussi un ouvrage d'art à la pointe de la sécurité et se trouve sous très haute surveillance : partout des capteurs vérifient en permanence la température du métal, l'inclinaison des câbles, la vitesse du vent, pour prévenir le moindre problème. Saviez-vous qu'il y a ainsi 357 prises téléphoniques réparties sur tout le viaduc pour que les équipes d'entretien puissent toujours communiquer entre elles et signaler le moindre souci ?

Il a fallu 500 ouvriers et des grues de 275 mètres de haut pour construire ce viaduc !

L'observatoire du pic du Midi

Depuis 1882, les scientifiques du monde entier mènent des expériences dans cet observatoire perché au sommet du pic du Midi de Bigorre, dans les Pyrénées, à 2 877 mètres d'altitude. Ici, au-dessus des nuages, on étudie surtout l'astronomie, l'atmosphère et le climat. Prêts pour un voyage dans l'espace ?

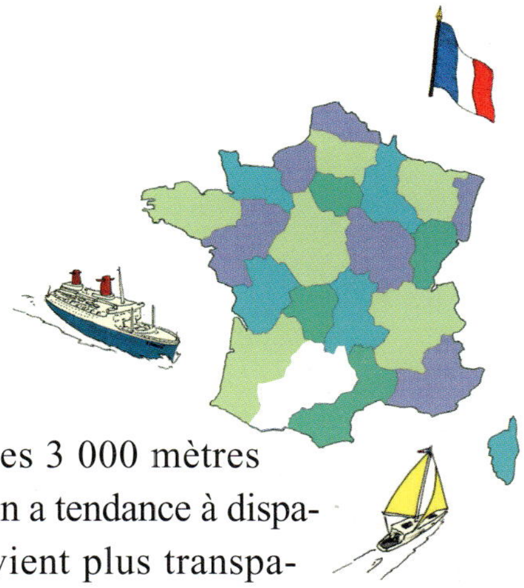

Quand on approche les 3 000 mètres d'altitude, la pollution a tendance à disparaître : l'atmosphère devient plus transparente, ce qui facilite les observations météorologiques et astronomiques.

C'est dans cette zone de l'atmosphère, appelée la « couche limite », qu'a été édifié, en 1882, au sommet du pic du Midi, un observatoire qui, depuis 125 ans, est l'emblème de la recherche astronomique française. C'est ici que fut dessinée la première carte des taches solaires à la fin du XIXe siècle. Ici, aussi, que fut mesurée la vitesse des nuages, en 1910 ; ici encore que l'on étudia la foudre dans les années 1920. Dans les années 1940, un télescope permit d'établir des cartes de la Lune et même de découvrir qu'une couche de poussière recouvrait son sol, tellement l'image était précise ! Ce sont d'ailleurs des photos prises d'ici qui ont permis de préparer, entre 1968 et 1972, les missions de la fusée Apollo pour les astronautes américains partis sur la Lune.

Depuis 1980, le pic possède le plus grand télescope de France, doté d'un miroir de 2 mètres de diamètre commandé par ordinateur, qui facilite encore l'étude des astres, des galaxies, des comètes et des météores. Autre vedette de l'observatoire, le coronographe est un télescope équipé d'un disque opaque qui cache le Soleil comme lors d'une éclipse. Cela permet de regarder l'atmosphère qui entoure l'astre solaire sur des millions de kilomètres (sa « couronne »), sans être ébloui, afin d'explorer le Soleil. Géniale invention pour aider à percer ses mystères.

Grâce au téléphérique, construit en 1952, le pic du Midi est devenu accessible à tous.

L'ours des Pyrénées

Jusqu'en 1960, l'État jugeait l'ours dangereux et donnait une prime pour chaque ours tué. Au point qu'il ne restait que 70 ours dans les Pyrénées en 1955 et 5 en 1995. Depuis, par crainte de les voir disparaître totalement, on réintroduit dans les Pyrénées centrales des ours venus de Slovénie. Ils sont aujourd'hui une quinzaine.

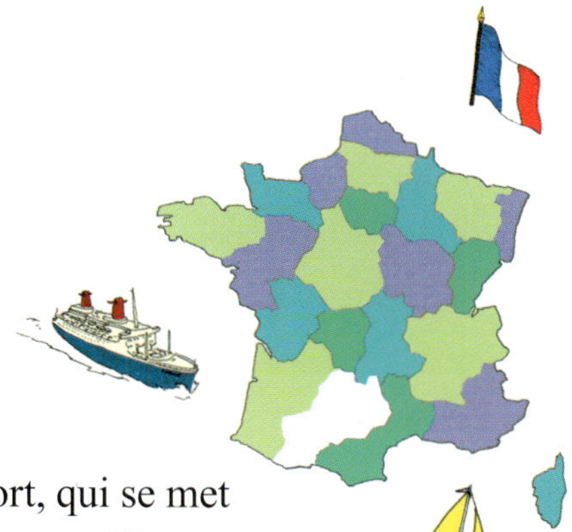

L'ours est un animal fort, qui se met debout comme un homme, élève ses petits pendant plusieurs années, hiberne tout l'hiver pour se réveiller au printemps. Son comportement affectueux envers ses oursons et sa grande force physique en ont fait très tôt un animal mythique, symbole de puissance et d'intelligence. Dès l'Antiquité, il est associé aux divinités de la nature, comme en Grèce, où il est allié à Artémis, déesse de la chasse.

De nombreuses légendes pyrénéennes racontent des histoires d'ours bienveillants sauvant des bébés et les nourrissant. Ici, on parle de lui avec respect en l'appelant « le Monsieur ». Jusqu'au milieu du XXe siècle, l'ours fait en effet partie du paysage des Pyrénées, et pas seulement dans les montagnes. Il vit aussi parmi les hommes dans les villages, où les montreurs d'ours venus des vallées de l'Ariège se comptent par centaines. Ceux-ci capturent des oursons et les dressent à faire des tours pour amuser les passants. L'ours ainsi dressé devient même parfois un véritable allié pour la population. En 1905, par exemple, en pleine querelle entre l'Église et l'État français, des montreurs d'ours et leurs bêtes sont appelés en renfort par le curé du village de Pamiers pour empêcher les gendarmes de pénétrer dans son église. Avec succès car, ce jour-là, les gendarmes repartent, rebutés par cette résistance animale imprévue !

Aujourd'hui encore, même si les ours ont presque tous disparu des montagnes, ils demeurent le symbole des Pyrénées.

Les montreurs d'ours dressent leurs bêtes à danser dans les foires.

Le musée d'art et d'industrie de Roubaix

Le musée d'art et d'industrie de Roubaix présente des collections d'art des XIXe et XXe siècles. Il occupe les locaux d'une ancienne piscine Art déco, témoin architectural de l'histoire glorieuse de la ville. Fermé pour raisons de sécurité en 1985, l'édifice fut transformé en musée en 2001.

En 1920, Roubaix est la capitale française de l'industrie textile, spécialisée dans le traitement de la laine. Le maire décide alors de faire construire une piscine qui soit la plus belle de France, à l'image de la splendeur et de la richesse de sa ville. Inaugurée en 1932, cette piscine conçue par l'architecte Albert Baert est un chef-d'œuvre du style Art déco des années 1930 avec vitraux, balustrades à motifs géométriques et mosaïques.

C'est un véritable palais dédié à la fois à l'hygiène et au sport. À cette époque, tout le monde n'a pas encore de salle de bains chez soi, et il est fréquent d'aller se laver dans un établissement public. Ici sont donc réunis sur un même site des bains-douches et une piscine sportive de grande taille, idéale pour nager et plonger. Les gens, en majorité des hommes, viennent ici pour se laver, faire du sport et se rencontrer. La piscine devient un vrai lieu de vie sociale qui comprend aussi un jardin, un salon de coiffure, de manucure et de pédicure (soins des mains et des pieds), des bains de vapeur et même une laverie !

Aujourd'hui, le visiteur du musée déambule au milieu des vestiaires, des salles de bains, des cabines de douches, situés autour du fameux bassin olympique de 50 mètres de long. L'eau y est toujours déversée par une fontaine représentant le dieu romain de la Mer, Neptune. Au bord du bassin, des sirènes en bronze et en marbre ont pris la place des baigneurs. Mais il reste, en fond sonore, les bruits de plongeon et les cris des nageurs...

Dans les années 1930, les maillots de bain cachent encore une bonne partie du corps !

La Côte d'Opale

Le nom de « Côte d'Opale » lui vient des tons changeants de son rivage qui évoquent l'opale, une pierre fine aux reflets irisés. Entre Le Crotoy et Equihen-Plage, la Côte d'Opale étire ses 130 kilomètres de rivages entrecoupés par les hautes falaises des caps Blanc-Nez et Gris-Nez.

Classée grand site national de France depuis 1987, la Côte d'Opale est aussi connue sous le nom de « site des deux caps », car une longue et haute falaise relie les caps de Blanc-Nez et Gris-Nez.

Si ces caps portent ces drôles de noms, ce n'est pas par hasard ! Au nord, le Blanc-Nez est une haute falaise toute de craie blanche étincelante. Au sud, le Gris-Nez affiche, au contraire, les couleurs ternes du grès, de l'argile et du calcaire. De mai à août, il s'égaie pourtant et prend la teinte rose des fleurs qui le recouvrent, surnommées « gazon d'olympe ».

Le cap Blanc-Nez culmine à 134 mètres de haut, et constitue l'endroit le plus élevé de la Côte d'Opale, très apprécié des amateurs de parapente. Le Gris-Nez est, quant à lui, le point le plus proche des côtes anglaises, situées à moins de 35 kilomètres, de l'autre côté de la Manche.

Cela fait de la Côte d'Opale, en bordure du détroit du pas de Calais, un lieu stratégique entre la France et l'Angleterre. Le 25 juillet 1909, l'aviateur Louis Blériot réussit d'ailleurs la première traversée de la Manche en avion, en partant de Calais, au nord du détroit, pour rejoindre Douvres, sur les côtes anglaises. Trente ans plus tard, pendant la Seconde Guerre mondiale, les Allemands craignent que les Anglais ne débarquent sur la Côte d'Opale pour libérer la France occupée. Pour réduire les risques et pouvoir surveiller nuit et jour le détroit du pas de Calais, ils bâtissent sur les falaises des bunkers, sortes de fortins en partie enterrés. Tellement efficaces que leurs ennemis, rebutés par une telle ligne de défense, préféreront débarquer en Normandie !

Les longues plages du Nord, balayées par le vent, sont le paradis du char à voile !

La tour Eiffel

Surnommée la « Grande Dame », la tour Eiffel domine Paris du haut de ses 324 mètres (antenne radio comprise). Lorsque débute sa construction, des artistes et écrivains critiquent ce « squelette disgracieux et géant » (Maupassant). Ils changent d'avis devant le monument achevé, inauguré en 1889.

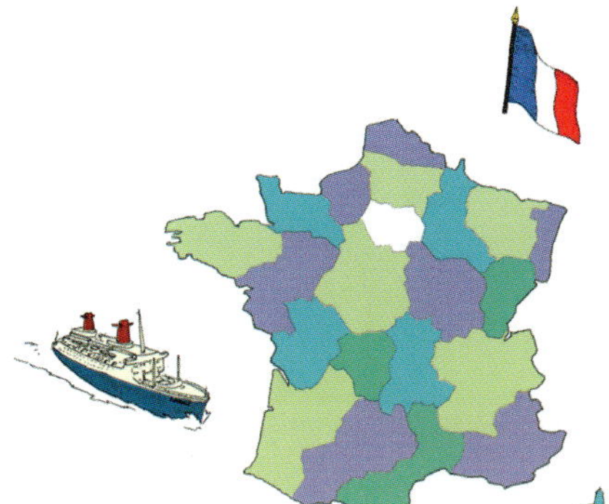

La tour Eiffel est la réalisation d'un pari fou : faire tenir debout une tour de 300 mètres de haut ! En 1884, Paris se prépare déjà à recevoir l'Exposition universelle de 1889. En vue de marquer les esprits et de prouver que le pays est à la pointe du progrès technique, la France veut présenter une œuvre architecturale spectaculaire. L'entreprise Eiffel, spécialisée dans les structures métalliques utilisées dans de nombreux ouvrages d'art (ponts, viaducs et gares), a alors l'idée farfelue d'appliquer ce système de construction à une tour géante.

Gustave Eiffel, entrepreneur audacieux, n'en est pas à son premier exploit. Il a déjà réalisé l'ossature métallique de la statue de la Liberté. Ce nouveau pari l'oblige à faire des calculs très précis pour que cette tour de 300 mètres puisse résister au vent, qui risque de la déstabiliser en s'engouffrant entre les poutres métalliques. Pour donner à son œuvre une stabilité maximale, il dessine une base conçue comme un solide tabouret à barreaux reposant sur quatre piliers qui se rejoignent à 50 mètres de haut et soutiennent un pylône de près de 250 mètres.

Les travaux débutent le 1er juillet 1887. Les poutres de métal sont assemblées à l'usine par tronçons de 5 mètres de long. Pour monter ces innombrables pièces, selon le principe d'un Meccano géant, il faut 2,5 millions de rivets (éléments d'assemblage). Les travaux durent deux ans.

Depuis, l'édifice est soumis à un entretien permanent. Pour éviter que le métal ne rouille, la tour est repeinte tous les sept ans et elle a déjà changé six fois de couleur depuis sa naissance !

Le Louvre

Le Louvre est l'un des plus grands musées du monde. Mais saviez-vous qu'il a été longtemps le château où résidaient les rois de France ? Ce n'est qu'en 1793 que le Louvre devient réellement un musée, qui recèle aujourd'hui 350 000 œuvres dont seules 35 000 sont exposées… et c'est déjà beaucoup !

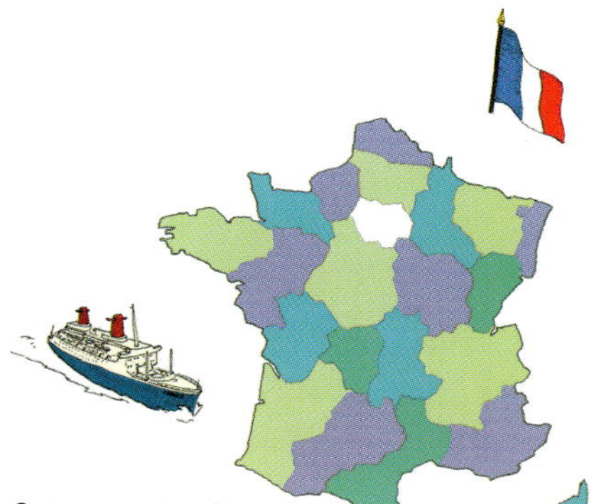

Le château du Louvre fut construit par Philippe-Auguste en 1190, pour protéger la ville de Paris des invasions anglo-normandes. Puis, cette forteresse défensive fut transformée par Charles V, en 1364, en une magnifique demeure royale. À sa suite, tous les rois continuèrent de l'agrandir et de l'embellir jusqu'à en faire un palais gigantesque.

Pendant la Révolution française, le Louvre, devenu patrimoine national, se transforme en musée ouvert au public. Dans un premier temps, les nombreux objets et œuvres d'art accumulés par les rois de France au fil des siècles y sont exposés.

Puis, pour mettre en valeur ces collections encore enrichies par des achats, et accueillir au mieux les touristes, François Mitterand décide de lancer le chantier du « Grand Louvre » qui est inauguré en 1989. L'aspect le plus polémique de ce projet tient dans la construction, par l'architecte Ieoh Ming Peï, d'une pyramide de verre et d'acier, très moderne, pour servir d'entrée dans le bâtiment d'origine !

Finalement, le chantier est un succès et les touristes se pressent aujourd'hui tant pour admirer cette pyramide que pour se rendre devant la plus grande star du Louvre, la Joconde. Ce tableau de Léonard de Vinci, célèbre pour le regard perçant et le sourire discret de son modèle, ne laisse personne indifférent. Le tableau fut d'ailleurs volé le 21 août 1911. Et, malgré la forte récompense promise à qui le rapporterait, il fallut deux ans pour retrouver le voleur. Pendant ces deux années, des milliers de visiteurs se précipitèrent au Louvre pour admirer un mur vide !

Le Louvre fut une forteresse avant d'être un musée.

Le Muséum national d'histoire naturelle

Voici la spectaculaire caravane africaine arrêtée au premier étage de la Grande Galerie de l'Évolution du Muséum national d'histoire naturelle de Paris. En allant admirer les milliers de spécimens d'animaux mis en scène dans ce fabuleux décor, on comprend mieux l'évolution de la vie sur la Terre. Alors, suivez le guide !

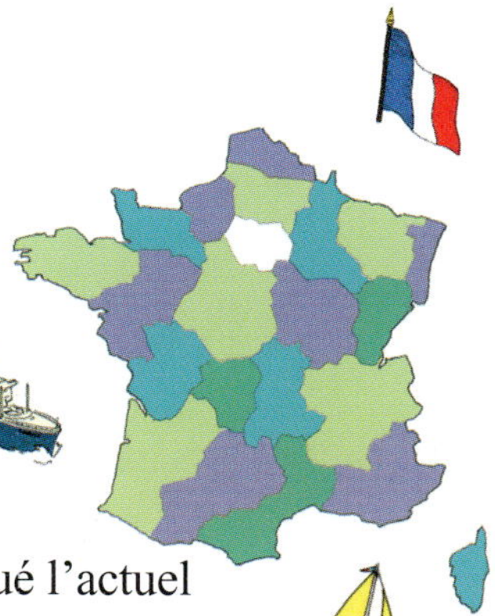

Le Jardin des plantes, où est situé l'actuel Muséum national d'histoire naturelle, était au départ un jardin botanique, créé par Louis XIII en 1635 pour y cultiver des plantes médicinales destinées à faire progresser l'art de guérir. Ce jardin royal était d'ailleurs dirigé par le médecin du roi.

Puis, au XVIIIe siècle, sa direction est confiée à un naturaliste (personne qui étudie les plantes, les minéraux et les animaux) et le jardin devient, en 1793, le Muséum d'histoire naturelle. Encore aujourd'hui, le Muséum a pour mission d'inventorier, décrire et comprendre le monde vivant. Ainsi le site de Paris abrite une collection de minéralogie, une galerie de paléontologie (étude des fossiles et squelettes datant de la Préhistoire), mais aussi une grande serre où les scientifiques font pousser de nombreuses plantes rares ou exotiques. Son jardin, dénommé à juste titre « Jardin des plantes », accueille dans ses allées les fleurs de saison, clairement étiquetées pour apprendre aux promeneurs à les reconnaître. Il est également possible de visiter sa ménagerie, qui s'est donné pour rôle de sauvegarder les espèces animales menacées et, bien entendu, sa célèbre Galerie de l'Évolution, qui retrace l'histoire du vivant à travers une collection sans précédent d'animaux empaillés, comprenant certaines espèces disparues, comme le dodo.

Le Muséum joue aussi un rôle de premier ordre dans la recherche biologique mondiale et participe activement à la lutte pour la sauvegarde du vivant en financant de nombreuses missions scientifiques, en France et à l'étranger.

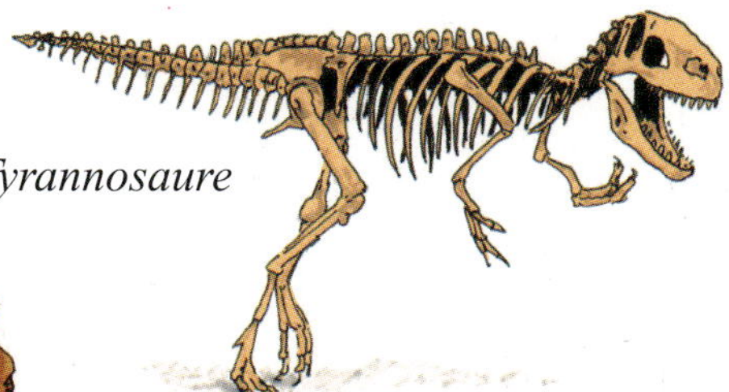

Tyrannosaure

Mammouth

Dodo

La Grande Mosquée

« Soyez les bienvenus, ô fidèles. Entrez pour admirer ce qu'il ne vous sera pas permis de voir ailleurs. » Ces vers gravés près de la porte d'entrée accueillent le visiteur à la Grande Mosquée de Paris. Inauguré en 1926, cet ensemble musulman réunit salles de prières et d'études, hammam et jardin.

L'histoire débute dans le sang. Sur les champs de bataille de la guerre de 1914-1918, où plus de 70 000 musulmans meurent en combattant pour la France. Ils sont d'origine marocaine, tunisienne, algérienne ou sénégalaise, et appartiennent tous à l'armée française d'Afrique car ces pays font, à l'époque, partie des colonies françaises.

La guerre terminée, la France victorieuse décide de manifester aux musulmans sa reconnaissance par un acte fort : la construction d'une mosquée à Paris. Le 1er mars 1922, en présence d'une foule enthousiaste, le sultan du Maroc détermine l'orientation de la future mosquée. Celle-ci doit, comme tous les lieux de prières musulmans, être tournée en direction de La Mecque, ville sainte située en Arabie saoudite.

Les travaux peuvent alors débuter. Pendant quatre ans, ils mobilisent quatre architectes et 450 ouvriers. La mosquée est de style hispano-marocain, avec un minaret (la tour d'où se font les appels à la prière) qui s'élève à 33 mètres de haut. La décoration est d'un grand raffinement, jusque dans les moindres détails : les portes sont en bois de cèdre ajouré, celle de la cour d'honneur est cloutée de bronze avec des incrustations en corail et en bois d'eucalyptus. Les encadrements des fenêtres sont sculptés au couteau dans le plâtre. Le bas des murs et les sols de marbre blanc sont incrustés de mosaïques représentant des étoiles ou des rosaces, qui apportent une touche de couleur à l'architecture très épurée. Pour parvenir à ce résultat raffiné, les artisans ont dû tailler, limer puis ajuster 7 000 petits morceaux de verre coloré par mètre carré. Un vrai travail d'artiste !

La porte de l'Institut de théologie de la mosquée de Paris.

La butte Montmartre

À 130 mètres d'altitude, la butte Montmartre est le point le plus élevé de Paris ! Au sommet, la basilique du Sacré-Cœur possède la plus grosse cloche du monde. Fondue à Annecy, « La Savoyarde » pèse 17 535 kilos, et il a fallu pas moins de 28 chevaux pour la tirer !

De nombreux moulins à vent furent pendant longtemps construits sur la butte Montmartre, un ancien village, rattaché au XVIIIe arrondissement de Paris, en 1860. Les meuniers choisissaient cet emplacement, car, en raison de l'altitude, le vent était plus fort et les ailes de leurs moulins tournaient plus rapidement. Ces moulins servaient à moudre le blé pour obtenir de la farine (moulin de la Galette) ou à écraser les épices utilisées ensuite par la parfumerie (moulin Radet).

Au XVIIIe siècle, on comptait environ 30 moulins sur la butte. Mais, au XIXe siècle, avec la révolution industrielle, les usines supplantèrent progressivement les moulins, et la plupart furent démolis. Certains subsistèrent néanmoins, comme le moulin de la Galette et le moulin Radet, et furent réaménagés en guinguettes, qui devinrent vite des lieux populaires où les Parisiens venaient boire et danser.

Plusieurs cabarets, se construisirent sur la butte, profitant du succès des guinguettes. Des spectacles de french cancan, une danse exécutée sur scène par des femmes légèrement vêtues, y furent donnés, attirant une foule mélangée de respectables messieurs et de crapules.

Une vie nocturne se développa ainsi à Montmartre, où se retrouvèrent à la fois des canailles attirées par les lieux de débauche et des artistes trouvant dans cette ambiance bohème une source d'inspiration. Vers 1875, de nombreux peintres, comme Renoir, Van Gogh, Toulouse-Lautrec, Picasso ou Utrillo, représentèrent ainsi le Moulin de la Galette. Les peintres ont disparu, mais Montmartre entretient, encore aujourd'hui, une ambiance animée, avec ses ruelles gorgées de monde et ses revues de french cancan...

Le célèbre french cancan de Montmarte.

Art de vivre

Que serait Paris sans ses cafés, lieux d'échange et de création, ses parcs envahis de pigeons, la Seine et ses 35 ponts et passerelles ? La capitale française cultive un art de vivre propice à l'inspiration des artistes, comme le poète Verlaine ou le couple Christo qui « empaqueta » le Pont-Neuf en 1985.

Jusqu'au XVIIe siècle, le café est totalement inconnu en France ! C'est l'ambassadeur turc qui fait connaître cette boisson à Louis XIV, en 1669. Immédiatement, ce nouveau breuvage devient la boisson à la mode grâce à son goût fort et son aspect exotique. Le café est alors proposé dans les rues de Paris par des vendeurs ambulants vêtus à l'orientale, avec turban coloré et culotte bouffante à rayures. En 1689, l'un de ces marchands, Francesco Procopio dei Coltelli, d'origine italienne, a l'idée d'ouvrir une « maison à boire le café » dans un établissement de bains situé dans l'actuelle rue de l'Ancienne-Comédie et qui existe encore aujourd'hui. Il lui donne son nom : *Le Procope*.

Dans un décor précieux de lustres, miroirs et tableaux, *Le Procope* accueille vite des clients venus de la Comédie-Française toute proche, séduits par son cadre raffiné. Plusieurs générations de grands écrivains se succèdent au *Procope* : La Fontaine, Racine, Diderot, Voltaire, Rousseau et Beaumarchais y ont leurs habitudes, échangent leurs idées et y écrivent parfois leurs livres. Avec *Le Procope*, le mot « café » prend le double sens qu'on lui connaît aujourd'hui et désigne, en plus de la boisson, le lieu public où on le déguste, endroit propice aux rencontres.

Les siècles passent et les cafés fleurissent un peu partout. À quelques rues du *Procope*, *Le Café de Flore* ouvre ses portes 200 ans plus tard, en 1887, sur le boulevard Saint-Germain. *Le Café de Flore* devient à son tour le rendez-vous de nombreux écrivains et artistes, comme Guillaume Apollinaire, Paul Verlaine, Jacques Prévert, André Breton ou Jean-Paul Sartre.

Au XVIIe siècle, de nombreux vendeurs habillés à la mode turque, sillonnaient Paris pour vendre du café.

Les bancs de sable de la Loire

La Loire est le dernier fleuve sauvage d'Europe, car son débit n'est pas régulé par des barrages et demeure irrégulier, variant entre de fortes crues en hiver et des eaux très basses en été. Elle change alors d'aspect d'une saison à l'autre, des îles et des bancs de sable apparaissant et disparaissant au gré des crues.

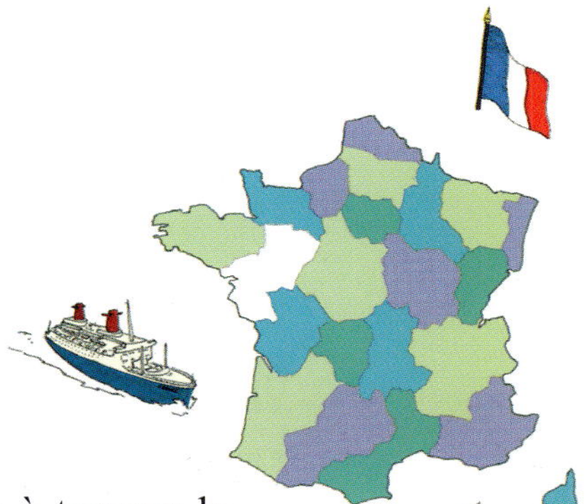

La Loire trace son lit à travers la France sur 1 020 kilomètres, avant de se jeter dans l'océan Atlantique, ce qui en fait le plus long fleuve du pays. À certains endroits, le courant, plus rapide en raison du relief en pente, emporte avec lui des alluvions (petits grains de sable, de roche, de galets ou de graviers), ce qui vaut à la Loire le surnom de « fleuve de sable ». Certaines de ces alluvions parcourent de longues distances, provenant, par exemple, du mont Gerbier-de-Jonc, en Ardèche, où la Loire prend sa source, pour venir s'échouer 800 kilomètres plus loin, en Touraine. Quel voyage !

Quand le relief est plat, en particulier dans le Val de Loire, le fleuve ralentit sa course, et ces alluvions, qui ne sont plus entraînées par le fort courant, se déposent et forment des bancs de sable, parfois en plein milieu du fleuve. Mais ces bancs de sable sont éphémères, car la moindre montée des eaux les modifie, ce qui rend le paysage sans cesse changeant et la navigation difficile.

Toutes ces crues et décrues créent un milieu naturel unique, où se développent des espèces particulières. L'été, ces bancs à sec se couvrent de plantes et de fleurs qui disparaissent à l'automne, noyées dès la première montée des eaux.

Seule demeure sur les berges, en hiver comme en été, une plante à fleurs jaunes, qui ne pousse d'ailleurs qu'ici. C'est l'épervière de Loire, parfaitement adaptée à son environnement. Elle apprécie les crues qu'elle utilise pour survivre en cas de sécheresse, stockant de l'eau dans les poils laineux qui la recouvrent.

L'épervière, plante des bords de la Loire, peut supporter la chaleur comme les inondations.

Les marais salants de Noirmoutier

Il faut 10 litres d'eau de mer pour recueillir 300 grammes de sel. Et ce n'est pas tout : il faut aussi du soleil, du vent et un sol argileux pour retenir l'eau. À Noirmoutier, les conditions sont idéales pour récolter un sel de qualité, qui n'est ni lavé ni traité, ce qui permet de conserver sa saveur et ses vitamines.

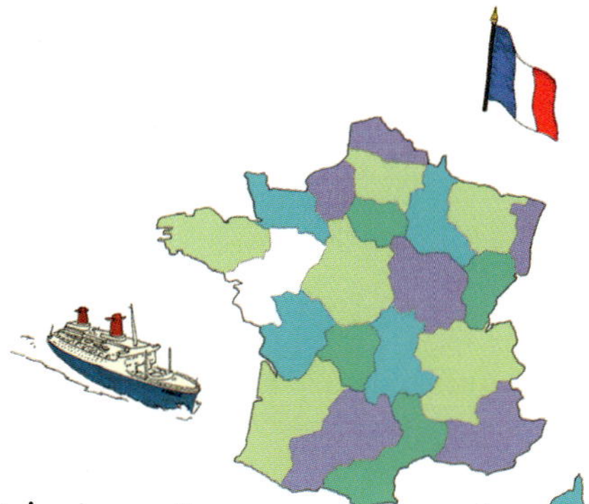

Encore aujourd'hui, certaines recettes de grands-mères ne manquent pas de sel ! Saviez-vous, par exemple, qu'il faut tamponner à l'eau salée les piqûres d'insecte ou d'ortie pour éviter la douleur ? Et que jeter une poignée de gros sel sur le feu avive ses flammes ?

Le sel a en effet de multiples vertus et de nombreux usages. Du fait de ses précieuses propriétés, il a d'ailleurs été surnommé l'« or blanc ». Depuis la Préhistoire, les hommes l'utilisent pour donner du goût aux aliments, et même comme médicament. Puis, dans l'Antiquité, les Romains s'en sont servi aussi pour conserver le poisson et la viande. Bien utile, à une époque où le réfrigérateur n'existait pas !

L'île de Noirmoutier, entourée par la mer, a très tôt su tirer parti de cette richesse : des moines chrétiens y ont aménagé les premiers marais salants dès le XVe siècle. À l'époque, ces marais salants occupaient un quart de la surface de l'île, c'est-à-dire 700 hectares. Aujourd'hui, seuls 100 hectares sont encore exploités par une quarantaine de sauniers, qui produisent le sel.

Leur travail exige de la patience. Le saunier récolte le sel en faisant passer l'eau de mer dans des bassins successifs jusqu'au dernier, surnommé l'« œillet », où le sel se cristallise. Le soleil et le vent font alors évaporer l'eau, et il ne reste plus qu'à ramener le sel vers le bord du bassin à l'aide du « simousi », sorte de grand râteau plat sans dents. La récolte se fait donc pendant les mois chauds, entre mai et septembre. Certains jours d'été, une légère brise permet la cristallisation d'un sel très fin à la surface de l'eau : c'est la fleur de sel, au goût délicat.

Les pantalons de cet âne le protègent des moustiques dans les marais salants.

Le labyrinthe de la cathédrale d'Amiens

Ce labyrinthe décore le pavement de la cathédrale d'Amiens. D'en haut, on distingue parfaitement les lignes noires tracées sur le marbre blanc jusqu'au centre. Mais, quand on met ses pas dedans, il n'est pas facile de savoir quelle ligne suivre pour accéder au cœur et gagner ainsi le paradis !

Presque toutes les cathédrales gothiques possèdent un labyrinthe dessiné sur leur pavement. Ces labyrinthes chrétiens sont un système symbolique de défense censé protéger les lieux sacrés. Aussi sont-ils toujours situés à l'ouest des églises, du côté de la mort, d'où peuvent surgir les démons. Comme les chrétiens pensent que le diable ne se déplace qu'en ligne droite, le labyrinthe avec ses nombreux méandres est là pour l'empêcher d'aller souiller l'espace sacré.

Ce dédale représente aussi le chemin que doit emprunter le fidèle pour atteindre la ville de Jérusalem, où le Christ est mort et ressuscité, selon le récit des Évangiles. Ainsi, ceux qui ne pouvaient se rendre en pèlerinage en Terre sainte possédaient tout de même un moyen d'accomplir un rite symbolique équivalent, en parcourant le labyrinthe à genoux jusqu'à l'octogone central, surnommé justement « paradis » ou « Jérusalem ». Tout au long de ce tracé compliqué, le fidèle devait se repentir de ses erreurs passées, faire pénitence pour être sauvé de ses péchés et pouvoir accéder plus vite à la vie éternelle après sa mort.

Dans la nef de la cathédrale d'Amiens, le labyrinthe formé de motifs géométriques et symétriques décore le sol de la travée centrale sur plus de 12 mètres de large. Installé en 1288 puis détruit au moment de la Révolution française, il a été reconstitué, au début du XIXe siècle, tel qu'il était à l'origine, grâce à des documents d'époque.

Au Moyen Âge de nombreux pèlerins parcouraient à genoux les labyrinthes des cathédrales, espérant gagner la vie éternelle.

La réserve ornithologique du Marquenterre

Au cœur de la baie de Somme, le parc du Marquenterre est une réserve ornithologique d'une superficie unique en France : pas moins de 200 hectares ! Elle a été créée pour accueillir les nombreux oiseaux migrateurs venus des pays nordiques qui se posent ici avant de repartir vers l'Afrique.

Deux fois par an, à l'automne et au printemps, les oiseaux migrateurs, sur la route entre les pays du Nord et l'Afrique, font escale dans la réserve du Marquenterre. Ils trouvent ici un milieu naturel de dunes, de marais, de forêts et de prairies, parfait pour se nourrir et se reposer. D'autres espèces viennent également y nicher (faire leur nid et se reproduire) en sécurité.

Mais le parc joue aussi un important rôle scientifique. Les ornithologues (spécialistes des oiseaux) qui y travaillent profitent de ce lieu de passage très fréquenté pour dénombrer et étudier certaines espèces menacées ou peu connues.

Pour ce faire, ils procèdent au baguage des oisillons. Ils accrochent à leurs pattes deux bagues, sortes d'anneaux en plastique portant un numéro. Le baguage est un exercice délicat, car les scientifiques doivent au préalable attraper les oiseaux. Parfois cela s'avère facile, comme pour la mouette mélanocéphale, qui fait son nid au ras du sol, ce qui permet de capturer ses oisillons dans l'herbe. À d'autres moments, le baguage se révèle plus sportif, lorsqu'il faut aller chercher, par exemple, les cigogneaux dans leur nid en grimpant à l'échelle jusqu'à leur perchoir !

Grâce à ces bagues, les oiseaux sont identifiables de loin et l'on peut ainsi comptabiliser les individus et comparer les chiffres d'une année sur l'autre pour étudier l'évolution de l'espèce. L'une des deux bagues portant le symbole du parc permet aussi à d'autres scientifiques travaillant dans des réserves naturelles parfois très éloignées de constater la présence dans leur parc d'oiseaux venant du Marquenterre. Ainsi, on connaît mieux les trajectoires qu'empruntent les oiseaux migrateurs. Cela donne des indications, entre autres, sur les modifications de température que subit la planète. Avec le réchauffement du climat, les oiseaux venus du nord migrent plus tard ou s'arrêtent définitivement à Marquenterre pour y passer l'hiver.

Le baguage des oiseaux demande beaucoup de doigté !

Les écluses à poissons de l'île de Ré

Sur l'île de Ré, les hommes ont imaginé un astucieux système pour pêcher plus facilement. Ils construisent des murets de pierre, les écluses à poissons, pour délimiter des bassins dans la mer. À marée haute, ils sont recouverts par l'eau. À marée basse, les bassins sont remplis de poissons. Ingénieux !

Depuis le Moyen Âge, sur les îles de Ré et d'Oléron, les hommes pratiquent une pêche originale en construisant des écluses à poissons sur l'estran, cette partie de la côte recouverte par la mer à marée haute et découverte à marée basse. Le principe en est simple : il s'agit de retenir les poissons dans des bassins au moment où la mer se retire. Pour les piéger, on construit des murets de pierre fermés par des palissades. Ainsi, quand la mer monte, ces bassins se remplissent d'eau et les poissons s'y engouffrent. À marée descendante, l'eau s'échappe et certains poissons sont retenus prisonniers. Des mulets, des merlans, des seiches, des congres, des raies, des daurades... Il ne reste plus alors aux pêcheurs qu'à se rendre avec des filets jusqu'aux bassins en marchant sur les murets.

Le droit de pêcher dans ces écluses s'achète et il est soumis à des règles très strictes, rédigées pour la plupart en 1681. Ce droit est réservé aux « magayants », nom donné à ces pêcheurs, autrefois des paysans qui trouvaient dans les écluses à poissons un complément alimentaire. En échange de ce droit de pêche, les magayants doivent réparer les brèches ouvertes dans les murets par les vagues de l'océan. En effet, les pierres sont simplement posées les unes sur les autres. Et, si les coquillages et les algues venus s'y accrocher au fil du temps lient les pierres entre elles, un peu comme du ciment, ces murs restent néanmoins très fragiles.

Les magayants sont les seuls à avoir le droit de pêcher dans les écluses à poissons de l'île de Ré.

Le Marais poitevin

Le Marais poitevin est l'une des rares zones humides (en partie inondée) de France. Dans cette région aux eaux stagnantes se développent une flore (roseaux, plantes aquatiques) et une faune (anguilles, loutres) particulières. Au total, ce sont 112 000 hectares de milieu naturel protégé.

Le bassin qu'on appelle le Marais poitevin se situe à l'endroit où la Sèvre se jette dans la mer. Il présente une grande diversité de paysages et une incroyable richesse écologique, entre mer et marécages. Certaines zones, recouvertes d'eau de mer à marée haute, forment les « prés salés », qui servent de pâturages aux moutons lorsque l'eau se retire. En construisant des digues, l'homme y a aussi créé quelques zones de marais desséchés, destinées à la culture et à l'élevage.

Le reste du bassin est constitué par le « marais mouillé », qui occupe 32 200 hectares, et se présente comme un labyrinthe compliqué de voies d'eau navigables et de zones de marécages inondées dès qu'il pleut. L'homme a ainsi aménagé 4 000 kilomètres de cours d'eau en un quadrillage serré. Ceux-ci se parcourent en barque à fond plat permettant de passer partout, même là où l'eau n'est vraiment pas profonde. Ce « bateau » ne sert pas seulement à se déplacer, mais aussi à transporter les vaches et l'herbe d'un endroit à l'autre du marais, à pêcher et à chasser le gibier d'eau.

Le batelier fait avancer son bateau à l'aide d'une « pelle », une rame en bois, ou avec la « pigouille », cette longue perche qui permet de pousser la barque en prenant appui au fond de l'eau.

L'embarcation est parfaite pour découvrir les marais et apercevoir des animaux de toutes sortes, car elle glisse sur l'eau en silence. Qu'ils soient à poils, à plumes, à écailles ou à carapace, ceux-ci sont en effet nombreux à vivre nichés dans les feuillages ou cachés dans les roseaux.

Avec de la chance, on peut croiser une loutre, excellente nageuse et très friande d'anguilles. Longtemps chassée pour sa douce fourrure, la loutre fait aujourd'hui partie des espèces protégées. Elle est même devenue l'emblème du Marais poitevin.

Dans le marais poitevin, la barque sert aussi à transporter les vaches !

La Camargue

La Camargue a donné son nom à un petit cheval robuste de couleur gris clair, ou « truitée », quand le pelage est marqué de petites taches grises ou noires. Cet animal est réputé pour sa vivacité, son courage et son endurance. C'est la monture idéale du gardian, le gardien de troupeaux de cette région.

Réputée pour sa culture du riz et ses marais salants, la Camargue l'est aussi pour sa flore et sa faune uniques au monde. C'est le cas, par exemple, des flamants roses qui y nichent, mais aussi des chevaux camarguais.

Cette race de cheval, reconnue depuis 1978, trouve son origine entre Tarascon, Montpellier et Fos. Le camargue est le descendant direct des chevaux sauvages de la Préhistoire. Il y a plus de 15 000 ans, fuyant les hommes qui le chassaient pour sa viande, il s'est réfugié dans le delta du Rhône, inhabité. Son aspect physique n'a pas beaucoup changé depuis, parce qu'il ne s'est pas mélangé à d'autres races. C'est pourquoi il ressemble beaucoup aux animaux représentés sur les murs des grottes préhistoriques de Lascaux (Dordogne) ou de Niaux (Ariège).

Jules César, séduit par son aspect robuste et son pied sûr, fut le premier à créer des élevages dans la région, pour fournir son armée. Et voilà comment le camargue s'est retrouvé à guerroyer pendant presque mille ans. Jusqu'à faire partie de la Grande Armée de Napoléon, au XIXe siècle !

Aujourd'hui, ce cheval, toujours élevé en liberté sur de grands territoires de Camargue, est un cheval facile à dresser, qui se révèle surtout une excellente monture pour les gardiens de troupeaux de taureaux.

Emblème de la Camargue, les flamants roses s'y reproduisent par centaines chaque année.

La synagogue de Carpentras

La synagogue de Carpentras est la plus ancienne de France. Construite en 1367, elle fut en partie refaite au XVIIIe siècle. Elle a conservé sa salle de prières au premier étage, et son mobilier est resté intact. Ainsi que le bain rituel et la boulangerie, où l'on fabriquait autrefois le pain azyme pour la Pâque juive.

Au Moyen Âge, les juifs sont accusés par les chrétiens d'être responsables des nombreux problèmes qui touchent alors la France : la guerre, la famine et même les crises de folie du roi, qui ne reconnaît parfois plus personne. En 1394, la population s'en prend si violemment aux juifs dans les rues, que Charles VI préfère les expulser du royaume.

Beaucoup se réfugient à Carpentras, une ville placée à l'époque sous l'autorité du pape et non du roi de France. On les surnomme les « juifs du pape », car ce dernier leur accorde le droit de rester à condition de respecter certaines règles strictes et humiliantes, mises en place pour les punir de ne pas être chrétiens.

Parmi ces vexations, les juifs ont, par exemple, l'obligation de porter un chapeau de couleur jaune, de payer plus de taxes, ou encore d'assister à des prêches chrétiens destinés à les convertir. Ils n'ont pas non plus le droit de choisir leur métier, mais sont obligés d'exercer ceux de brocanteur ou de fripier, jugés dégradants car ils consistent à vendre des objets et des vêtements ayant déjà servi.

Ils sont aussi tenus d'habiter dans « la Carrière », un quartier entouré de murs, dont la porte est fermée tous les soirs ! Comme ils sont nombreux dans cet espace limité, ils s'entassent dans des maisons de sept à huit étages qui ressemblent à des gratte-ciel.

Au XVIIIe siècle, les autorités deviennent plus tolérantes et accordent aux juifs de Carpentras l'autorisation de restaurer leur synagogue décrépie. La façade reste discrète, imitant celle d'une maison ordinaire. En revanche, l'intérieur est richement décoré, avec boiseries, tribunes en fer forgé, lustres en bronze, chandeliers...

La synagogue conserve d'anciens rouleaux de la Torah qui transmet la loi de Dieu au peuple juif.

Le château d'If

En 1529, François Ier fait construire sur cet îlot de l'archipel du Frioul une forteresse qui va bientôt servir de prison. Faisant face à la baie de Marseille, le château d'If reste célèbre pour un de ses prisonniers, le comte de Monte-Cristo, né sous la plume du romancier Alexandre Dumas.

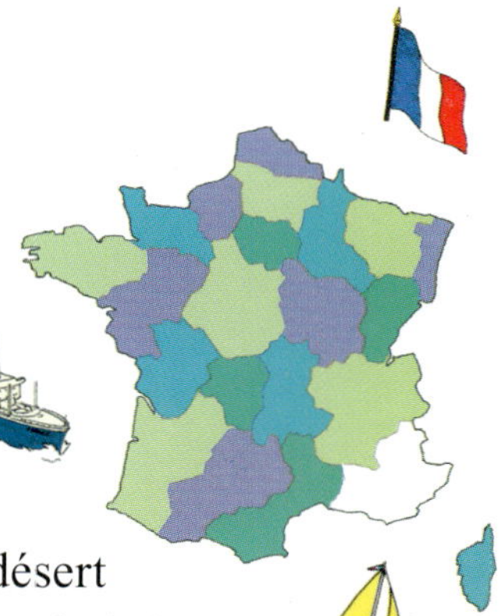

En 1516, If n'est qu'un îlot désert dans la baie de Marseille. L'endroit idéal pour héberger, quelques semaines, un rhinocéros offert par le roi du Portugal au pape Léon X. Le bateau qui le transporte jusqu'à Rome fait escale à Marseille.

Durant cette halte, le roi François Ier, intrigué par cet animal encore inconnu en Europe, fait le voyage jusqu'à If pour l'admirer.

Dix ans plus tard, il se souvient de ce récif isolé qui occupe une position stratégique face à Marseille, et y fait construire une forteresse pour protéger la ville, récemment conquise, d'une éventuelle attaque espagnole par la mer.

Puis, la menace s'éloignant, le fort accueille, en 1531, un premier prisonnier tenu au secret car jugé dangereux pour la sécurité du royaume. If se transforme alors en une prison d'État isolée en mer. On y enferme des prisonniers accusés d'avoir comploté contre la France, puis, au moment des guerres de Religion, des protestants par centaines.

Mais le plus célèbre de tous les captifs du château d'If reste un personnage de roman. Il s'agit d'Edmond Dantès, héros d'un récit inventé par Alexandre Dumas en 1845, intitulé *Le Comte de Monte-Cristo*. Victime d'un complot, Dantès est arrêté et emprisonné au château d'If. Au bout de quatorze ans, il parvient à s'échapper, change d'identité pour devenir le comte de Monte-Cristo et prépare sa vengeance avec soin. Ses aventures en font l'unique prisonnier évadé du château d'If. Dans la réalité, personne n'a jamais réussi un tel exploit.

Cézanne et la montagne Sainte-Victoire

« Peindre signifie penser avec un pinceau », disait le peintre Paul Cézanne (1839-1906). Celui-ci est fasciné par la célèbre montagne Sainte-Victoire, située à côté d'Aix-en-Provence, ville dont il est originaire. Ce tableau a été peint entre 1882 et 1885.

La montagne Sainte-Victoire culmine à 1 011 mètres d'altitude, et s'étire sur 18 kilomètres de long et 500 mètres de large. Ce massif calcaire d'une blancheur lumineuse est surtout connu pour avoir servi de modèle au peintre français Paul Cézanne.

Cézanne est séduit par ce panorama sauvage et contrasté, mélange de falaises abruptes et de collines aux pentes douces, avec des touches de végétation verdoyante qui atténuent l'aspect blafard de la roche. Émerveillé par ce « motif étourdissant », comme il le dit, Cézanne revient sans cesse poser son chevalet au pied de la montagne Sainte-Victoire.

Au total, il réalise 44 peintures à l'huile et 43 aquarelles (peintures à l'eau) de la montagne. De 1882 à 1887, il lui consacre une première série de toiles, aux formes courbes et aux couleurs vives très proches de la réalité. Puis, dans une seconde série, à partir de 1890, il développe un style plus abstrait. Le peintre a trouvé son sujet d'étude. Après avoir peint de nombreuses fois cette montagne au point de maîtriser totalement son modèle, il s'éloigne du réalisme pour s'attacher à faire plutôt sentir l'ambiance qui émane du lieu, en travaillant surtout la couleur. Les formes deviennent schématiques et, pour la première fois, il utilise même des figures géométriques comme le cylindre et le cône. Sa peinture inspirera d'ailleurs les artistes du mouvement cubiste.

Cézanne est tellement passionné qu'il peint par tous les temps. Surpris par l'orage, un jour de l'année 1906, il prend froid et meurt rapidement d'une pleurésie. Lui qui, justement, disait qu'il souhaitait mourir en peignant...

Cézanne a peint 87 fois la montagne Sainte-Victoire !

Le pont d'Avignon et le palais des Papes

De 1309 à 1376, les papes, qui ont fui Rome, à cause d'invasions répétées, font d'Avignon leur lieu de résidence. Ils y édifient un somptueux palais gothique, conçu comme une forteresse et richement décoré à l'intérieur. Le célèbre pont d'Avignon, encore en état, facilite alors les déplacements de la cour papale.

Une légende raconte qu'en 1177 un berger de douze ans, du nom de Bénezet, eut une vision au cours de laquelle Dieu lui demandait d'aller à Avignon construire un pont pour traverser le Rhône. Une fois en ville, il exposa son projet aux habitants, mais les Avignonnais se moquèrent de lui, tant et si bien qu'un attroupement finit par se former. L'évêque, pour vérifier si c'était bien Dieu qui l'envoyait, le défia de porter un rocher pour le jeter dans le Rhône. La pierre était si lourde qu'il paraissait impossible à un seul homme de la hisser tout seul. Pourtant, le berger réussit à la soulever sans peine, sous les yeux ébahis de la foule. Puis il la transporta jusqu'au fleuve et la jeta dans l'eau. Un véritable miracle !

L'histoire rejoint en partie la légende, car le premier pont en pierre fut effectivement achevé en 1185 et porte le nom de Saint-Bénezet. Il a sans doute été construit par des frères hospitaliers (ordre dédié au soin des pauvres et des malades), en même temps qu'une chapelle et un hôpital installés à son extrémité. Ce sont ces « frères du pont » qui assurèrent ensuite son entretien jusqu'au XIVe siècle.

Pour cela, ils organisaient des quêtes et faisaient payer un droit de péage au passage du pont. Avec l'argent récolté, ils réparaient les dommages causés aux arches par les eaux tumultueuses du Rhône. Il faut dire que ce pont mesurait 920 mètres de long sur 4 mètres de large.

Ce pont favorisait le développement rapide de la cité, en facilitant les passages et les échanges commerciaux. Mais ses arches étaient régulièrement emportées par le fleuve et, à partir du milieu du XVIIe siècle, on renonça à les réparer. Elles disparurent peu à peu, et seules quatre d'entre elles sont encore debout aujourd'hui.

Ce moine demande un droit de péage pour emprunter le pont de Saint Bénezet.

La vallée des Merveilles

La vallée des Merveilles tire son nom des quelque 100 000 signes qui ont été gravés sur ses roches, il y a près de quatre mille ans. Ce site de gravures rupestres à ciel ouvert, établi tout autour du mont Bego (2872 m), dans le massif alpin du Mercantour, est le plus important au monde.

En martelant, avec des outils en métal, la roche polie de la vallée des Merveilles, les hommes de l'Âge du Bronze (vers 1800 ans avant notre ère) ont été les premiers à y représenter des figures variées. Depuis 1967 les archéologues travaillent à faire l'inventaire de tous ces signes pour savoir à quoi servait ce site à cette époque.

Beaucoup de ces dessins représentent de simples points ou des traits dont on ne comprend pas la signification. Certaines forment des motifs géométriques, des cercles, des spirales, des quadrillages. On trouve aussi quelques rares figures humaines et, surtout, un grand nombre d'armes : des poignards aux lames triangulaires pointues, avec ou sans manche, quelques hallebardes et des faux.

Mais, les dessins les plus fréquents sont des paires de cornes qui évoquent des vaches. Toutes ces cornes de bovidés tendent à prouver qu'ici se trouvait un lieu sacré dédié au dieu Taureau, l'une des divinités les plus répandues dans le Bassin méditerranéen, de la Préhistoire à l'Antiquité. Le Taureau, déjà élevé à cette époque par les hommes pour leur fournir des animaux de trait, était en effet considéré comme le dieu de la fertilité, de la Terre et de la fécondité.

Les hommes de l'Âge du Bronze ancien (vers 2000-1800 avant J.-C.) ont perpétué cette tradition. Ils vinrent nombreux dans la vallée des Merveilles pour rendre un culte au Taureau, arrivant non seulement des régions voisines mais aussi de plus loin en Europe, comme l'attestent certains poignards aux formes d'origine bretonne ou espagnole. Certains venaient sans doute y effectuer un pèlerinage et il devint courant de graver un signe dans la pierre pour laisser une trace de son passage.

Ce sont tous ces dessins que l'on peut encore admirer aujourd'hui dans la vallée des Merveilles.

Homme gravant la roche

Les carrières d'ocre de Roussillon

En Provence, le village de Roussillon rayonne d'une incroyable couleur rouge. Il est situé sur une terre riche en ocre, avec laquelle on peut fabriquer un colorant. Un sentier des ocres sillonne des paysages grandioses sculptés depuis des millénaires par la nature.

L'ocre est une argile (sorte de roche) contenant du fer, ce qui lui donne une couleur brune, rouge ou jaune. Elle fournit un colorant naturel utilisé par les hommes depuis la Préhistoire, en particulier pour peindre sur les murs des grottes, comme à Lascaux.

Mais ce n'est qu'en 1790, en Provence, que l'ocre est véritablement exploitée de manière industrielle : en lavant la roche extraite du sol, on sépare l'ocre des grains de sable auxquels elle est collée. Le pigment ainsi obtenu est très apprécié en peinture pour ses couleurs prononcées, allant du jaune au rouge, et pour sa qualité, car ses tons naturels ne changent pas avec le temps.

Du XVIIIe au XXe siècle, l'ocre est de plus en plus utilisée dans l'industrie de la coloration, à la fois dans la décoration et les beaux-arts : on s'en sert par exemple pour recouvrir les murs des maisons auxquelles elle donne une couleur rouge. C'est autour du village de Roussillon, entre le Luberon et les monts de Vaucluse, que l'on trouve la plus forte concentration d'ocres au monde.

Une légende raconte qu'une dame qui vivait au château de Roussillon se serait jetée du haut du donjon en apprenant la mort de son amant. Son sang aurait ainsi coloré la terre en rouge...

Au XXe siècle, l'ocre a été supplanté par des colorants synthétiques obtenus à partir de produits chimiques, dont la fabrication est moins coûteuse. Mais on l'utilise encore dans l'artisanat, les arts plastiques et le bâtiment.

Ces poteries, d'un rouge bien particulier, ont été fabriquées avec de l'ocre de Roussillon.

Le Tour de France à Briançon

Le Tour de France est une légende du sport, en particulier pour ses étapes de montagne qui obligent les cyclistes à se surpasser. Entre Val-d'Isère et Briançon, ce sont trois montées successives et très raides... Mais quel honneur, à l'arrivée, de porter le maillot blanc à pois rouges du meilleur grimpeur !

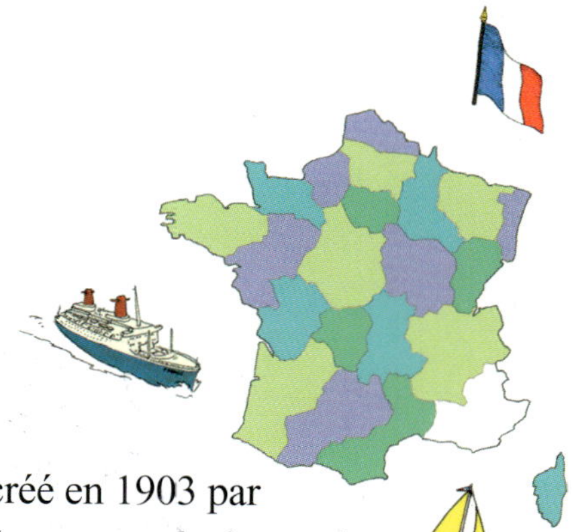

Le Tour de France est créé en 1903 par Henri Desgranges, le patron du journal sportif *L'Auto*, qui veut ainsi faire remonter les ventes de son titre. Ce Tour de France est destiné à concurrencer des courses déjà célèbres comme le Paris-Brest et le Paris-Roubaix, organisées par un journal concurrent, *Le Vélo*. Le célèbre maillot jaune remis au vainqueur à partir de 1919 reprend d'ailleurs les couleurs du journal *L'Auto*.

Depuis, le Tour est vraiment devenu le grand rendez-vous sportif de l'été. À cause, d'abord, de ces 200 cyclistes, répartis en une vingtaine d'équipes, qui viennent du monde entier participer à l'événement numéro un du cyclisme. À chaque fois, une nouvelle histoire s'écrit en direct, qui met en scène des héros capables d'exploits incroyables, comme de grimper, en un temps record, des cols particulièrement abrupts.

Le public est au rendez-vous pour admirer ces sportifs hors du commun. En effet, le Tour de France mobilise chaque année une foule considérable sur les routes, aux étapes et devant les écrans de télévision. Les Français se bousculent pour encourager les cyclistes, et pour les approcher, parfois un peu trop, au risque de les faire chuter...

Les médias aussi relaient l'événement : des centaines de journalistes couvrent le Tour dans tous les pays. Les cyclistes qui y participent, même s'ils ne sortent pas vainqueurs, entrent en tout cas dans la légende...

Les gorges du Verdon

Le Verdon prend sa source à 2 819 mètres d'altitude dans les Alpes, et se jette, 175 kilomètres plus loin, dans la Durance, après avoir parcouru les gorges qui portent son nom. Le mot « Verdon » provient sans doute de son incroyable couleur vert émeraude, qui lui vient des algues minuscules et du fluor contenus dans son eau.

On appelle « canyon » une gorge très profonde semblable à un canal, creusée par une rivière au milieu d'un plateau. Les gorges du Verdon constituent le plus haut canyon d'Europe, et ne sont pas sans rappeler, à moindre échelle, le Grand Canyon américain, creusé par le fleuve Colorado. Les parois du Verdon atteignent par endroits 700 mètres de hauteur. Et elles sont parfois très rapprochées, puisque l'écart au niveau de l'eau oscille entre 6 et 100 mètres de large !

Comment l'eau a-t-elle pu creuser une telle faille dans la roche ? Pour bien comprendre comment est né ce canyon, il faut remonter à l'ère secondaire : à cette époque, la température augmente, la glace fond et fait monter le niveau des eaux. La mer toute proche déborde et recouvre complètement l'endroit où sont actuellement situées les gorges du Verdon. Des coraux, habitants coutumiers des fonds sous-marins, se déposent par milliers sur le sol, jusqu'à former un plateau calcaire.

Mais, à l'ère tertiaire, l'enveloppe rocheuse de la Terre se soulève et donne naissance aux Alpes, créant un nouveau paysage composé de montagnes et de vallées, qu'empruntent aussitôt de jeunes rivières comme le Verdon. Puis, l'époque quaternaire connaît de nouveau un fort refroidissement, à tel point que le Verdon charrie des glaçons. Ces blocs de glace entaillent alors très profondément le calcaire, jusqu'à façonner le canyon que nous connaissons aujourd'hui.

Les plus intrépides escaladent les parois escarpées des gorges du Verdon en varape.

Lyon : Guignol et trompe-l'œil

La ville de Lyon réserve au promeneur bien des surprises ! Ici, on peut visiter le musée de la marionnette et admirer Guignol sur scène ! Là, à certains coins de rues, les murs sont peints en trompe-l'œil, qui retracent l'histoire glorieuse de la cité.

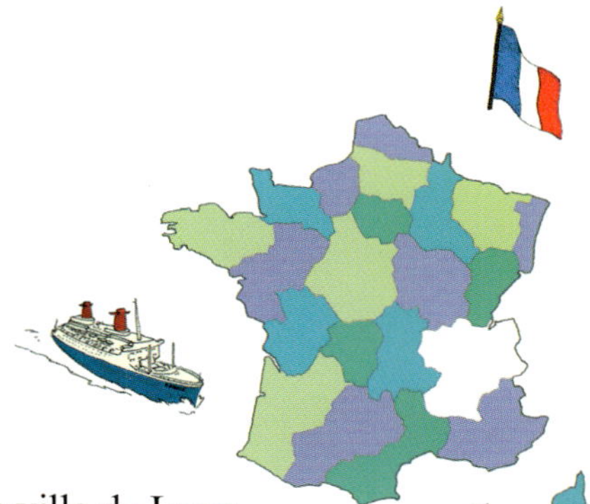

Depuis le XVIIe siècle, la ville de Lyon est réputée pour ses marionnettes de bois peint aux visages expressifs. Apparues dans les années 1650 sur les foires et les marchés, ces marionnettes étaient à l'origine manipulées par des arracheurs de dents pour convaincre les badauds de leur acheter certains remèdes destinés à apaiser la douleur.

Il faut attendre les années 1800 pour que ces marionnettistes ambulants donnent de vraies représentations grâce à Laurent Mourguet, ancien ouvrier de la soie (canut) reconverti dans l'arrachage de dents, qui décide de vivre uniquement de ses talents d'artiste, et de ne plus arracher de dents ! Une petite révolution ! Il exécute, pour la première fois, de vrais spectacles payants dans lesquels il raconte des histoires courtes et drôles, le plus souvent liées à l'actualité. Ses spectacles rencontrent rapidement un vif succès.

Pour enrichir ses histoires, il invente, en 1808, une nouvelle marionnette, à laquelle il donne le nom de « Guignol », un personnage moqueur plein de bon sens, à l'accent régional prononcé, inspiré des canuts lyonnais. Progressivement, Guignol se voit adjoindre nombre de compagnons, comme Gnafron, son ami inséparable, grand amateur de Beaujolais, ou encore le gendarme Flageolet, qui n'hésite pas à le poursuivre en le menaçant de son bâton.

Depuis lors, le répertoire de Guignol est devenu un classique, dépassant les frontières de la seule ville de Lyon, et, encore aujourd'hui, nombre de théâtres de marionnettes, installés dans des parcs ou sur les places de villages, font le bonheur des enfants partout en France.

Les spectacles de Guignol se donnent souvent en plein air.

Le lac Léman

S'étirant en croissant à 372 mètres d'altitude, le lac Léman est le plus grand d'Europe occidentale : il mesure 72,8 kilomètres de long et jusqu'à 13,8 kilomètres de large par endroits. Il sert aujourd'hui de frontière naturelle entre la France et la Suisse.

Le lac Léman est un vaste plan d'eau entouré de montagnes sur lequel évoluent de nombreux bateaux. Il est d'ailleurs réputé aujourd'hui pour ses régates de voile.

La navigation sur le lac remonte à la période néolithique (5000 à 2500 av. J.-C.), quand les hommes vivaient dans des cités lacustres bâties sur pilotis (des pieux de bois enfoncés dans la vase). Les bateaux étaient à cette époque des canots en bois de 10 à 15 mètres de long, utilisés pour se déplacer, pêcher, échanger des marchandises...

Au fil du temps, les bateaux se perfectionnent. Chargés de marchandises, ils attirent bientôt des pirates d'eau douce venus des pays environnants. Au XVIe siècle, ces brigands profitent des vagues d'immigration vers la Savoie et la Suisse, provoquées par les guerres de Religion en France, pour mener également des attaques sur la terre ferme.

Si bien qu'au XVIIe siècle, les berges du lac sont devenues franchement dangereuses. Les abordages de navires sont toujours monnaie courante, mais aussi les pillages et les assassinats, dans les villages ou sur les routes.

Entre 1703 et 1705, sévit, par exemple, un pirate nommé Dantal. Avec une trentaine d'hommes, il attaque les bateaux chargés de coffres d'or destinés à payer l'armée française qui combat alors en Italie. Dantal est informé par les espions qu'il a placés dans tous les ports, pour être prévenu quand un convoi y fait escale. Avec ses hommes, il monte ensuite un plan de bataille, puis tous se dispersent pour attaquer, en général, à la faveur de la nuit. Mais il n'hésite pas non plus à piller le village d'Hermance en plein jour, ni à conquérir le château d'Yvoire en chassant ses habitants un par un !

Ce pirate attend que les marins débarquent pour les détrousser !

Le mont Blanc

Avec ses 4 808,75 mètres d'altitude, le mont Blanc est le plus haut sommet d'Europe occidentale. Longtemps, il a défié les hommes lancés à la conquête de sa cime. Pourtant, c'est sur ses pentes, au milieu des innombrables crevasses qui déchiquètent son glacier, qu'est né l'alpinisme au XVIIIe siècle.

Jusqu'au XVIIIe siècle, le mont Blanc est appelé « Mont maudit » : son sommet toujours enneigé effraie les esprits et personne n'ose l'escalader.

Certains scientifiques en rêvent pourtant, comme le savant suisse Horace Bénédict de Saussure, à la fois physicien et géologue, qui souhaite calculer son altitude et ne peut le faire qu'en montant jusqu'à sa cime. Comme il n'est pas assez bon alpiniste, Saussure a l'idée, en 1760, de promettre une forte récompense à celui qui découvrira la meilleure voie pour accéder au sommet.

Il faudra attendre plus de 25 ans, malgré de nombreuses tentatives, pour qu'enfin une équipée atteigne la crête du Mont maudit. Après deux jours d'ascension, Jacques Balmat, un guide de Chamonix, et le docteur Paccard, excellent alpiniste, posent le pied sur la cime, le 8 août 1786, à 18 h 23. C'est un véritable exploit car, à cette époque, l'équipement très rudimentaire protège mal du froid et des brûlures du soleil. Il leur faut aussi pour enjamber les crevasses utiliser des échelles, qui sont lourdes et rendent leur progression difficile.

La descente se révèle plus pénible encore, car le docteur Paccard souffre d'aveuglement à cause du reflet du soleil sur la neige. Balmat est obligé de lui donner la main sur tout le trajet, et les alpinistes chutent plusieurs fois dans des crevasses. Mais, à l'arrivée, ils sont accueillis en héros !

L'année suivante, Balmat emmène Saussure jusqu'au sommet. Le savant peut enfin affirmer que le mont, devenu « Blanc », mesure 4 775 mètres. De récentes mesures lui donnent 4 808,75 mètres, car son altitude varie d'une année à l'autre, en fonction de l'épaisseur de la couche de glace qui le recouvre.

CRÉDITS PHOTOGRAPHIQUES

Couverture © Jean-Erick Pasquier / Rapho
p.12-13 © Dave G. Houser/Corbis
p.14-15 © Georg Gerster / Rapho
p.16-17 © Pierre Vauthey/Corbis Sygma
p.18-19 © Jonathan Blair/Corbis (hg), © Michel Viard/Photononstop (hd, bg) et © Sime/Photononstop (bd)
p.20-21 © Doug Pearson/Jai/Corbis
p.22-23 © Philippe Body/Hoa-Qui
p.24-25 © J. Damase/ Explorer/Hoa-Qui
p.26-27 © Lee Snider/Photo Images/Corbis
p.28-29 © Jose Fuste Raga/Corbis
p.30-31 © Joseph Soulard/Rapho
p.32-33 © Yann Arthus-Bertrand/Corbis
p.34-35 © Philip Plisson
p.36-37 © Akg-images/Erich Lessing
p.38-39 © Tips/Photononstop
p.40-41 © Russel Kord/Photononstop
p.42-43 © Christophe Boisvieux/Corbis (g) et © Éditions Gaud (d)
p.44-45 © Yann Arthus-Bertrand/Corbis
p.46-47 © Francois Le Divenah/Photononstop (hg), © Agnès Bichet/Photononstop (hg), © Gérard Sioen/Rapho (bg, bg) et © H. Lesetre/Hoa-Qui (d)
p.48-49 © Gérard Sioen/Rapho
p.50-51 © Dupont/Delorme/Jacana
p.52-53 © Getty Images/Bruno Morandi
p.54-55 © Jan Butchofsky-Houser/Corbis
p.56-57 © J.-C. et D. Pratt/Photononstop
p.58-59 © Philippe Royer/Hoa-Qui
p.60-61 © J.-J. Cagnart/Hoa-Qui
p.62-63 © Christophe Boisvieux/Corbis
p.64-65 © Xavier Desmier/Rapho (hg, bg, hd, bd)
p.66-67 © Akg-images/Bildarchiv Monheim
p.68-69 © A. J. Cassaigne/Photononstop
p.70-71 © Photothèque du musée Peugeot (hg, bg, bd) et © Coll. Perrin/Kharbine-Tapabor (hd)
p.72-73 © Jean-Erick Pasquier/Rapho
p.74-75 © Akg-images (g) et © Farrell Grehan/Corbis (hd)
p.76-77 © JNS/Rapho (g, d)
p.78-79 © Jacques Dubois
p.80-81 © Akg-images/Laurent Lecat (g) et © Bernard Annebicque/Corbis Sygma (d)
p.82-83 © Pierre Schwartz/Corbis
p.84-85 © Jean Roche/Grandeur Nature/Hoa-Qui
p.86-87 © Gérard Sioen
p.88-89 © Charles & Josette Lénars/Corbis
p.90-91 © Bios/Curtis H.
p.92-93 © Hervé Gyssels/Photononstop (g, hg, bd) et © Dave Bartruff/Corbis (hd)
p.94-95 © Stefano Bianchetti/Corbis
p.96-97 © Gérard Guittot/Photononstop
p.98-99 © Guichaoua Yann/Hoa-Qui
p.100-101 © Jonathan Blair/Corbis
p.102-103 © O. Alamany & E. Vicens/Corbis
p.104-105 © Philippe Caron/Sygma/Corbis
p.106-107 © Yann Tierny/Explorer/Hoa-Qui
p.108-109 © Yann Arthus-Bertrand/Corbis
p.110-111 © Michel Setboun/Corbis
p.112-113 © Pierre Berenger/Rapho
p.114-115 © Brigitte Merle/Photononstop
p.116-117 © Michel Setboun/Corbis
p.118-119 © Xavier Richer/Photononstop © Yann Arthus-Bertrand/Corbis (hd) et © Coll. NB/Kharbine-Tapabor (bd)
p.120-121 © Roger Rozencwajg/Photononstop
p.122-123 © Thierry Perrin/Hoa-Qui
p.124-125 © Martin Fraudreau/Top
p.126-127 © Bios/Dhier Samuel
p.128-129 © Catherine Bibollet/Top
p.130-131 © Perrin Thierry/Jacana
p.132-133 © Hans Silvester
p.134-135 © Gail Mooney/Corbis
p.136-137 © Camille Moirenc/Photononstop
p.138-139 © Alexander Burkatovski/Corbis
p.140-141 © Image Source/Photononstop
p.142-143 © J.-C. Gérard/Photononstop (g, hd, bd)
p.144-145 © Charles & Josette Lénars/Corbis
p.146-147 © Getty Images/Bryn Lennon
p.148-149 © Michael Busselle/Corbis
p.150-151 © Joël Damase/Photononstop (g), © Michel Setboun/Corbis (hd) et © François Berthillier/Photononstop (bd)
p.152-153 © Tibor Bognar/Corbis
p.154-155 © Charles & Josette Lénars/Corbis

Gardes © Getty Images/Arnaud Chicurel

Raconte-moi encore...

Milieu naturel